台湾
訪日旅行者と
旅行
産業

インバウンド拡大のための
プロモーション

鈴木 尊喜 著

成山堂書店

本書の内容の一部あるいは全部を無断で電子化を含む複写複製（コピー）及び他書への転載は，法律で認められた場合を除いて著作権者及び出版社の権利の侵害となります。成山堂書店は著作権者から上記に係る権利の管理について委託を受けていますので，その場合はあらかじめ成山堂書店（03-3357-5861）に許諾を求めてください。なお，代行業者等の第三者による電子データ化及び電子書籍化は，いかなる場合も認められません。

定番の観光地・景勝地は人気があり、「和食」を楽しむ旅行者も多い。

北海道のニセコで開催された台湾人サイクリストを招待しての自転車イベント。大自然のなかでサイクリングを満喫できる人気の旅行イベントとなった。

(写真提供:北海道サイクルツーリズム推進協会)

台湾の歴史や文化を知り、台湾人のインサイトを感じることが、
インバウンドにつながる大切な意味を持つ。

台湾で開催された日本の旅行イベント・商談会。現地の旅行業者に魅力を伝える。こうした熱心な招致活動が、インバウンド拡大につながっていく。

はじめに

　人生のなかで著書を出版する機会はそうあるわけではない。

　自身に文章を書く才能があるか、内容が読者の求めるニーズに合ったものかにもよる。そうした前提のなかで、私が本書を執筆し世に送り出せたことは大変幸運に恵まれたと思う。

　本書は2018年に東洋大学の大学院に提出した修士学位請求論文「台湾訪日旅行産業の考察」をベースに、さらに内容を加筆し編集したものである。この論文に長年身を置いた航空会社での経験、台湾の旅行会社での経験、帰国後に転職した広告宣伝会社でインバウンドプロモーション事業に携わった経験などを反映させ、現在の台湾訪日旅行に関するさまざまな内容を、コンパクトに一冊にまとめたものである。通読していただければ、台湾インバウンドに関する基礎知識が身につくよう構成している。

　そもそも本書を執筆するきっかけは、いまから13年前の春、日本航空の子会社であった日本アジア航空に所属しているときに、現地旅行会社の事業責任者として台湾に赴任し、ビジネスを展開するなかで芽生えた問題意識であった。当時、日本側インバウンド関係者に台湾の訪日旅行事情を説明する機会が多くあったのだが、その際の気づきとして、旅行業界の内容だけでなく、もう少し台湾や台湾人について「深く掘り下げた理解」が必要ではないか、と感じ始めていた。ここでいう「掘り下げた理解」とは「歴史や社会的背景からくるメンタリティーやインサイト（心の憧憬）」のことである。

　2013年に帰国すると、アベノミクスとともに訪日外国人旅行者に注目が集まっていた。いかにして訪日外国人旅行者を増やすか、について盛んに議論されるようになったが、政府、地方自治体、企業、マスコミ、大学研究を含め、こうすれば訪日外国人旅行者の動向を分析できるといったビッグデータ利用による解析手法や、こうすれば増やすことができるといった成功事例によるテクニック手法が多かった。本書では台湾の旅行業やマーケット、広告宣伝について実際のデータに基づき分析を行っているが、もうひとつ底流にあるのは、自身の経験から得た教訓に台湾マーケットを深く理解するヒントがあり、それを読者の方に披露し示唆を与えるのが目的である。

　実際に海外マーケットを深く知るには、現地で生活し、その空気を吸い、人

と交流し、多くの失敗と成功の体験をとおして、はじめて身につくものである。調査の数字だけでは得られない、台湾人のインサイトが理解できるようになれば、さらに深いコミュニケーションが可能になろう。よって、本書は台湾（発地国）側に寄り添って執筆した。私は日本人なので、完全に現地（台湾人）目線というわけにゆかないが、台湾に長年身を置いた経験から、台湾人の本音（インサイト）部分を本書のなかにできるだけ反映している。

　本書が、いままでとは視点を違えた研究として、また実用書として、関係各位に役立つ内容であれば、著者として望外の喜びである。

2019年4月

鈴木　尊喜

謝　　辞

　本書の出版にあたり、ベースとなった修士論文の作成にご指導いただいた前主査の元東洋大学・松園俊志教授、主査の同大学・島川崇教授ならびに副主査の梁春香教授に心よりお礼申し上げたい。松園教授には論文作成の基本的概念をご教授いただいた。島川教授には根気よく論文推敲を待っていただき、その間変わらぬ励ましと示唆をいただいた。梁教授には国際観光における視点と参考となる著書やアイデアを多数いただいた。

　特に、社団法人台北市松年福祉会（玉蘭荘）の元総幹事・今井文子氏、財団法人上廣倫理財団の理事・丸山登博士、元日本政府観光局（JNTO）海外マーケティング部シニア・スペシャリストの井久保敏信氏、株式会社ジェイエスティ代表取締役社長の頴川秀敏氏、一般社団法人北海道サイクルツーリズム推進協会の高橋幸博氏の5名の方々には、本書作成に必要な著書、資料の提供、アンケート、インタビューなどでお世話になった。心から感謝申し上げたい。

　台湾駐在時代の多くの友人も本書の作成に関わってくれた。北京語の翻訳や専門用語の解説などをしてくれた、私の台湾時代からの良きパートナーである啓示廣告経理の呉書綺嬢（チーシーゴンガオ／ウーシューチー）、本書の装丁デザインを快く引き受けてくれた夢之日國際企劃有限公司経理の陳劭瑜嬢（モンツールーグォージーチーファーヨウシェンゴンスー／チェンシャオユー）、なかでも理想旅運集団の総裁・蔡栄一氏（リーシャン／ツァイロンイー）には、台湾旅行産業関連の資料収集や私の疑問に的確な回答をいただき、大変お世話になった。なお、業務が忙しいなか、インタビューに時間を割き、快く引き受けていただいた旅行業界の友人を以下のとおり列挙し、あらためて感謝申し上げたい。

- 理想旅運集団（リーシャン）　　総裁　　　　　　　　　　　　　蔡栄一氏（ツァイロンイー）
- 鳳凰国際旅行社（フォンファ）　董事　　　　　　　　　　　　　張金明氏（ジャンジンミン）
- 金龍裝運社（ジンロン）　　　　董事長　　　　　　　　　　　　沈鵬溶氏（チェンペンロン）
- 東南旅行社（ドンナン）　　　　海外旅行事業本部　副総経理　　廖培沅氏（リャオペイユエン）
- 五福旅行社（ウーフー）　　　　副董事長　　　　　　　　　　　陳世雄氏（チェンシーション）
- 百威旅行社（バイウェイ）　　　日本線　総経理　　　　　　　　劉見明氏（リョウチェンミン）
- 三益旅行社（サンイー）　　　　副総経理　　　　　　　　　　　陳怡秀氏（チェンイーシウ）
- 富康旅行社（フーガン）　　　　董事長　　　　　　　　　　　　謝明秀氏（シャミンシウ）

また、本書出版きっかけのベースとなる論文に目を留め、出版に導いてくれた成山堂書店には一方ならぬお世話になった。

　最後に、いつも私を支えてくれた家内景子に感謝するとともに、本書を捧げたい。

2019 年 4 月

鈴木　尊喜

目　　次

はじめに
謝　辞

序章　インバウンド政策と訪日旅行者………1
　1　訪日外国人旅行者の推移………1
　2　インバウンド事業者の理解不足………2
　3　台湾との関係と本書の目的………3

第1章　台湾人の訪日意識と観光行動………6
　1-1　台湾人の訪日意識調査………6
　1-2　日本に対する意識とイメージ………7
　　　（1）国別好感度　（2）世代別好感度　（3）国別将来親近度
　　　（4）世代別将来親近度　（5）世代別信頼度　（6）選好国別信頼度
　　　（7）世代別信頼理由　（8）世代別不信理由　（9）世代別意識格差と教育
　1-3　日本旅行と旅の情報源………14
　　　（1）国・地域別海外旅行希望先　（2）旅行希望先日本世代別比較
　　　（3）関心領域　（4）日本のイメージ　（5）日本の魅力
　1-4　世論調査と消費動向調査………18
　1-5　訪日旅行の情報源………19
　1-6　日本語教育世代の観光行動と意識………20
　　　（1）訪日旅行の観光行動　（2）次世代に対する訪日意識
　1-7　台湾人の訪日行動と意識傾向………26

第2章　台湾の歴史と経済………28
　2-1　台湾はどのような地域なのか………28
　2-2　台湾の歴史と経済………29
　　　（1）先史時代　（2）オランダ統治時代　（3）鄭一族統治時代
　　　（4）清国統治時代　（5）日本統治時代　（6）中国の蒋介石国民党統治時代
　　　（7）民主化時代

2-3　歴史的背景に見る親日意識………45

第3章　台湾の観光行政………47

3-1　台湾の観光政策・行政・法規………47
　　　（1）観光政策・行政・法規の定義　（2）発展観光条例　（3）専門用語の定義
3-2　戦後観光政策、行政、法規の沿革………49
3-3　観 光 組 織………51
　　　（1）行政院観光発展推進委員会　（2）交通部　（3）交通部観光局
3-4　台湾行政の取組みの成果………56

第4章　台湾の旅行業………57

4-1　台湾の旅行業の沿革………57
4-2　日本統治時代の旅行業………58
　　　（1）黎明期（清国旅行業の台湾進出）　（2）黎明期（日本旅行業の台湾進出）
4-3　戦後の旅行業………59
　　　（1）萌芽期　（2）開創期　（3）成長期　（4）拡張期　（5）統合期
　　　（6）チャネル期　（7）再構築期　（8）革新期
4-4　旅行業管理と法規………64
　　　（1）定義と法制度　（2）旅行業のサービスの特性
4-5　旅行業の種類………67
　　　（1）業務範囲
4-6　旅行業の登記………70
　　　（1）設立準備　（2）運営　（3）支社設立　（4）インターネット旅行社
　　　（5）外国旅行業
4-7　旅行業の経営………73
　　　（1）開業、停業、変更、解散　（2）定価、値段設定　（3）保証金
　　　（4）経営責任　（5）委託、代理、譲渡
4-8　旅行業の従業員………77
　　　（1）旅行業経理人　（2）セミナー試験　（3）領隊人員　（4）導遊人員

4-9　旅行契約と保険………86
　　　（1）旅行契約　（2）民法による規定　（3）消費者保護法による規定
　　　（4）公平取引法による規定　（5）発展観光条例と旅行業管理規則による規定
　　　（6）旅行保険　（7）保険法による規定　（8）発展観光条例と旅行業管理規則

4-10　旅行品質保証と海外渡航危険情報………94
　　　（1）中華民国旅行業品質保証協会　（2）海外渡航危険情報

4-11　台湾の旅行業の発展………98

第5章　台湾の訪日旅行………101

5-1　訪日旅行の沿革………101

5-2　訪日旅行の現況………103

5-3　日本と台湾路線の現況………107

5-4　旅　行　会　社………109

5-5　旅行会社の概況………109
　　　（1）売上規模　（2）経営スタイル　（3）オンラインビジネス　（4）人材
　　　（5）募集時期　（6）ランドオペレーター

5-6　旅行業界の商習慣………119

5-7　個　人　旅　行………122
　　　（1）個人旅行の現況　（2）個人型パッケージ　（3）個別手配
　　　（4）レンタカー旅行（ドライビングツーリズム）　（5）これからの個人旅行

5-8　団　体　旅　行………129
　　　（1）団体旅行の現況　（2）募集型企画旅行　（3）チャーター旅行
　　　（4）團體自由行　（5）インセンティブ旅行　（6）教育旅行
　　　（7）クルーズ旅行　（8）富裕層向け旅行（ハイエンドマーケット）

5-9　S.I.T.（スペシャル・インタレスト・ツアー）………146
　　　（1）サイクリング（サイクルツーリズム）

5-10　台湾旅行業のさまざまな取組み………148

第6章　台湾の訪日旅行プロモーション……150

6-1　旅行業界に対するプロモーション（B to B）……150
　　　（1）セミナー・商談会　（2）セールスコール（個別営業）
　　　（3）エージェント招請旅行（familiarization tour）　（4）広告宣伝支援
　　　（5）送客に対する補助金

6-2　一般消費者向けプロモーション（B to C）……153
　　　（1）プレスリリース（報道発表）　（2）メディア（ブロガー）招請
　　　（3）テレビ番組　（4）オウンドメディア（WEB／SNS）　（5）動画制作
　　　（6）消費者イベント　（7）旅行博覧会

6-3　広告媒体……160
　　　（1）台湾における広告媒体概況

6-4　媒体別特性……164
　　　（1）テレビ（電視）　（2）新聞（報紙）　（3）雑誌　（4）ラジオ（廣播）
　　　（5）野外広告・交通広告（戸外）　（6）インターネット（網路）

6-5　コミュニケーションコンセプト……179

6-6　プロモーション戦略……180

6-7　さまざまなプロモーションと宣伝……181

第7章　台湾訪日旅行者と旅行産業……183

7-1　インバウンド研究への提言……183

7-2　今後の課題……184

引用・参考文献・資料等……187
索　　引……191

序章　インバウンド政策と訪日旅行者

1　訪日外国人旅行者の推移

　2003年1月、小泉純一郎内閣総理大臣（当時）の施政方針演説において、インバウンド観光の振興に国をあげて取り組むことが明示された。2010年度までに訪日外国人旅行者数を1,000万人にすることを目標とした、国土交通省が中心となった訪日外国人旅行の促進活動「ビジット・ジャパン・キャンペーン（VJ）事業」が、同年4月1日に開始された。このキャンペーンでは、諸外国での日本旅行の広報や、国内における外国人旅行者向けインフラの整備などが行われている。訪日外国人旅行者数は、2003年度521万人から紆余曲折を経て、目標年の3年後の2013年に1,036万人を記録し達成した（図0-1）。その後は、政府による渡航ビザ条件の緩和、「アベノミクス」の大規模な金融緩和による円安、定期便の増便やLCC新規就航による座席供給増の追い風を受け、2016年は2,403万人と2,000万人を突破した（図0-1）。2017年度はさらに2,869万人に達し、2018年度に入っても前年比8.7％の伸びを示し、ついに3,119万人と3,000万人の大台を突破した。

　訪日外国人旅行者数は大幅に増加しているが、国・地域別の内訳をみると、韓国、中国、台湾、香港の2か国・2地域で全体の約7割のシェアである（図0-2）。インバウンドの世界では「国を訪れる外国人旅行者の7割は、上位5か国の国・地域で構成される」（高寺奎一郎、2006）といった法則があるとい

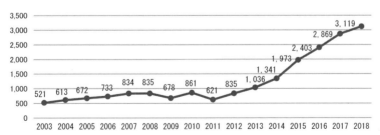

図0-1　2003～2018年度　訪日外国人旅行者数推移
出典：日本政府観光局（JNTO）「訪日外客統計「国・地域別」訪日外客数」（2003年-2018年）より作成

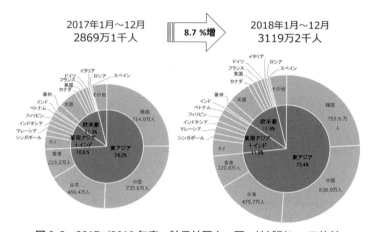

図 0-2　2017／2018 年度　訪日外国人　国・地域別シェア比較
出典：日本政府観光局（JNTO）訪日外客統計報道発表資料「2018 年 12 月推計値」より抜粋

われるが、日本においてもそれはあてはまる。また、韓国、中国、台湾は 1 か国・地域で東南アジア諸国、欧米豪諸国全体よりも大きなシェアを占めている（図 0-2）。これからのインバウンド研究においては、東アジアの国・地域を中心として、それぞれの国・地域別に細分化された、深い研究の重要性が増している。

2　インバウンド事業者の理解不足

著者は 2005 年 4 月〜2013 年 1 月末まで足かけ 8 年弱、台湾の訪日旅行事業を専門に扱う旅行会社の事業責任者として従事してきた。帰国後にみた、訪日外国人旅行者の話題がテレビで流れない日がない昨今の世情は、台湾に駐在していた当時を思い浮かべるとまったく様変わりしている。

台湾に駐在していた 8 年間は、おたふく風邪や H1N1 型インフルエンザの流行、リーマンショック、円高、東日本大震災と福島原発事故、ギリシャ・ショックによる再円高など、現地訪日旅行を扱う旅行産業にとっては、会社の存続もままならない苦難の連続であった。その間、あるものは廃業、あるものは倒産しマーケットから退場していった。しかし、台湾の訪日旅行を扱う旅行産業に従事する多くの方々の長年の努力が、今日の台湾人訪日外国人旅行者数国・地

域別第3位（2018年度）という結果に少なからず貢献したことは間違いない。

台湾駐在中は、北は北海道から南は沖縄まで、地方自治体を含む日本側のインバウンド事業者の方々より、多くのビジネスに関する相談や助言を求められた。その際に、多くの方々が台湾人の旅行事情や、旅行産業に関する事前知識と理解がないため、議論の方向性がかみ合わないケースが多くあることに気づかされた。まずは、その説明を前段として話を進める機会が多く、この分野に関する学術的実証研究が必要と痛感した。

3　台湾との関係と本書の目的

台湾は、現在の日本人にとって近くて遠い存在である。過去50年に及ぶ日本統治時代という特殊な歴史的背景を持ちながら、今も日本統治時代の名跡が数多く残っている。ただ、その歴史的背景ゆえに多くの日本人は、「台湾は親日の国だから、日本が好きでよく訪れる」といったステレオタイプ的発想に陥りやすい。

本書の目的は、歴史的背景に頼る定性的な要因ではなく、台湾における訪日旅行の隆盛は、そのキープレーヤーである旅行産業の不断の努力と貢献によって築き上げたことを論証することである。よって、観光意識と行動、歴史と経済、観光行政、旅行業、訪日旅行、訪日旅行プロモーションと幅広く考察した。それぞれが、お互い欠かせなく、有機的に関わりあっているからである。

特に、台湾のように年間475万人（2018年度）といった規模の人数が日本を訪れる地域において、訪日旅行は旅行産業の一角として確立・発展しており、そのマーケットに果たす役割は大きい。日本国内で「旅行産業」観光学研究が確立されていると同様、海外において訪日旅行を取り扱う「旅行産業」は今後大いに必要な学術研究分野であり、現地旅行産業の詳しい仕組みを体系的に取り上げ考察する。

本書は序章を含め計8章で成り立っている。各章における内容は以下のとおりである。

まず、第1章では、台湾人の観光意識と観光行動について考

台湾の旅行業者の看板

察する。「親日」度が高いといわれる台湾の対日イメージについて、日本台湾交流協会の実施する対日世論調査に基づき分析する。世代間でばらつきがある親日度の背景や、意識と行動のギャップを観光庁が実施した訪日外国人消費行動調査に基づき比較分析する。また、独自調査としてサンプル数は少ないが、コアな日本語教育世代にアンケートを行った結果を分析する。本人とその次世代家族に対する調査結果は、教育が対日意識に及ぼす影響を明らかにしている。

第2章では、台湾の歴史と経済を取り上げ、「親日」と呼ばれる根拠である日台の歴史を中心に考察する。地域としての台湾が歴史に登場する中国明代末期オランダ統治時代から、鄭一族や清国による統治、特に関わりの深い日本統治時代に焦点をあて考察する。明治期から始まった日本植民地行政が第四代児玉源太郎台湾総督により殖産事業が本格化し、後藤新平総督府民政長官による公衆衛生や社会資本整備などの事例を交え、台湾産業近代化の基盤整備となった根拠を考察する。第二次世界大戦後、外省人と呼ばれる国民党・蒋介石総統の戒厳令時代に話を進め、日本統治時代に日本人として教育を受けた世代の二・二八事件に象徴される苦難を取り上げる。その後、蒋経国総統、李登輝総統による東洋の奇跡と呼ばれた台湾民主化を取り上げ、現在に至る発展を考察する。

第3章では、台湾の観光行政について、まず基本となる観光法規の定義を考察する。これは次章の旅行産業を考察する際の法的根拠である。観光行政の歴史では、第二次世界大戦後、近代ツーリズムの勃興から論を進め、特に日本と関わりの深い行政院[1]観光政策や国際組[2]の機能を現地観光局からのデータを交え考察する。

第4章では、台湾の旅行業について、第二次世界大戦前後、台湾の近代的旅行業が、どのように始まり成長したか、その過程を明らかにし、現在の台湾旅行業の仕組みを旅行業法に基づき詳細に考察を行う。日本の旅行業と異なる制度や呼称、日本側に誤解されている情報など明らかにするとともに、法規と実際の制度の運用は、著者の台湾旅行事業経験も交えながら具体的に考察する。

第5章では、台湾の訪日旅行について考察する。まずは全体の事業変遷の歴史や現況から入り、旅行会社の実態や商品に関する内容を、著者の経験も含め

1　政府の意味。
2　アウトバウンド担当組織の意味。

詳しく解説する。ビジネス商慣習や訪日旅行商品の特徴にも言及し、多様な旅行商品について、その分野のエキスパートである台湾現地旅行会社実務責任者のインタビューを行うなど、現在の台湾旅行業を生き生きと描写し、旅行業が訪日インバウンド発展に果たした役割を具体的に考察する。

第6章では、台湾の訪日プロモーションについて考察する。ターゲット別各種プロモーションの内容を解説しつつ、実施の際に留意すべき点や現在のマーケットの要望も含め解説する。また、刻々と変化する台湾広告宣伝マーケットのトレンドを、台北市媒體服務代理商協會等最新の媒体広告調査データの結果を踏まえ、日本マーケットとの相違点等を明らかにするとともに、現在の日本の地方自治体が行っているプロモーションの課題を抽出する。

第7章では、総合考察を行う。台湾の訪日旅行を扱う旅行産業が訪日インバウンド発展に果たした役割と貢献を再評価し、その重要性を再認識する。日本の訪日インバウンド研究における、発地国側（海外）に立った研究の重要性を提言する。

ビジット・ジャパン・キャンペーン事業
（出典：日本政府観光局）

第1章　台湾人の訪日意識と観光行動

　公益財団法人日本台湾交流協会の台湾事務所では過去5回対日世論調査を行っている。この調査結果は、台湾人の日本に対するイメージや観光に対する意識を知るうえで、信頼性の高い貴重な資料である。本章では、日本政府観光局（JNTO: Japan National Tourism Organization）が実施する訪日外国人消費動向調査と比較し、意識と行動の差異を分析する。また、対日世論調査で漏れてしまった80歳以降世代のなかで、戦前の台湾人日本語世代に対する独自調査を行い分析する。

1-1　台湾人の訪日意識調査

　（公財）日本台湾交流協会では、2008年度から2015年度の間に過去5回（2010年、2013年、2014年度を除く）台湾の一般人を対象に対日世論調査を行った。調査の目的は、①日本に対する意識とイメージの評価、②日本旅行および旅の情報源、③日台間の全体的関係である。本章では、特に①②を重点的に取り上げ分析する。調査分析の概要は以下のとおりである。

調 査 元：公益財団法人日本台湾交流協会　台湾事務所
実施会社：ニールセン社
調査時期：1月～2月
調査設計：インターネット（40歳未満）＋電話調査（40歳以上）
調査対象：20～80歳の男女
調査地域：台湾全土
サンプル数：1,000名以上
サンプリング法：人口分布に応じた加重平均設定
結果の表示：パーセンテージ表示

1-2　日本に対する意識とイメージ

（1）　国別好感度

過去5回の調査で日本は常にトップである。直近2015年度は、56％と経年調査のなかでもっとも高い数字である。逆に2位以下の国は下落傾向にある（図1-1）。

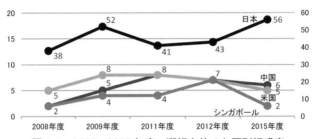

図1-1　2008〜2015年度　選好上位4か国別好感度

（質問：台湾を除き、あなたのもっとも好きな国（地域）はどこですか？（単一選択））
出典：（公財）日本台湾交流協会「2015年度対日世論調査」概要版

（2）　世代別好感度

日本がもっとも好きと回答した方を対象に世代別分析を行った。40代を境にして20〜30代は40代以上の年配者より好感度が高い。直近2015年度は、すべての世代で50％以上を超え過去最高の数字となっている（図1-2）。

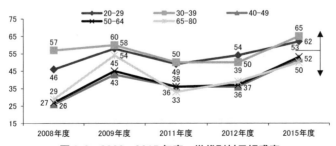

図1-2　2008〜2015年度　世代別対日好感度

出典：（公財）日本台湾交流協会「2015年度対日世論調査」概要版

（3）国別将来親近度

選好上位4か国の暦年推移をみると、直近2015年度は2008年来維持していた中国の好感度が大きく下がり、日本が初めて首位となった。ここ数年台湾人の中国に対する印象が悪化していることがうかがえる（図1-3）。

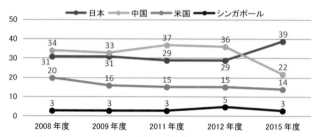

図1-3　2008～2015年度　上位4か国別将来親近度

（質問：今後台湾がもっとも親しくすべき国（地域）はどこですか？（単一選択））
出典：（公財）日本台湾交流協会「2015年度対日世論調査」概要版

（4）世代別将来親近度

将来もっとも親しくすべき国を「日本」と回答した方を対象に世代別に分析を行った。2015年度はすべての世代で2012年度より親近度が上昇している。また、世代別好感度同様40代を境にして20～30代と40～70代の親近度数値に大きな開きがある（図1-4）。

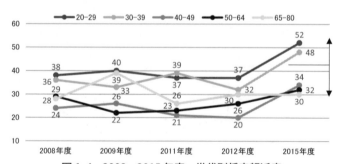

図1-4　2008～2015年度　世代別将来親近度

出典：（公財）日本台湾交流協会「2015年度対日世論調査」概要版

（5）世代別信頼度

全世代において 2015 年度は 2012 年度より値が上昇しているが、やはりここでも 40 代を境に前後で数値に大きな開きがある。（図 1-5）。

■非常に信頼できる　■信頼できる　■分からない　■信頼できない　■非常に信頼できない

			信頼できる					信頼できない
%	全体	2015	53	8	45	39	7 1	8
		2012	39	4	36	45	12 3	15
性別	男性	2015	55	10	45	36	8 1	9
		2012	43	4	39	39	13 4	17
	女性	2015	51	5	45	42	7 1	8
		2012	36	4	32	51	11 2	13
年齢	20-29	2015	73	16	57	26	1*	2
		2012	51	7	44	44	3 1	5
	30-39	2015	58	9	50	40	1	1
		2012	45	5	40	50	4 1	5
	40-49	2015	46	4	42	46	8	8
		2012	31	2	29	47	18 4	22
	50-64	2015	45	4	41	42	11 1	12
		2012	33	1	31	44	20 4	24
	65-80	2015	42	7	35	36	19 3	22
		2012	41	5	36	38	14 7	21

図 1-5　2012／2015 年度　世代別信頼度比較

（質問：日本は信頼できる国と考えますか？（単一選択））
出典：（公財）日本台湾交流協会「2015 年度対日世論調査」詳細版

（6）選好国別信頼度

台湾が親しくすべき上位3か国を選んだ方を対象に「日本の信頼度」を比較してみると、中国を選んだ方々は日本の信頼度が低く、アメリカを選んだ人は信頼度が高い（図1-6）。

			信頼できる				信頼できない	
%								
	全体	2015	53	8	45	39	7 1	8
		2012	39	4	36	45	12 3	15
台湾が親しくすべき国	日本	2015	71	13	59	29	-	-
		2012	58	7	51	39	3	3
	中国	2015	52	10	41	44	4	4
		2012	31	3	29	46	17 6	22
	アメリカ	2015	66	16	50	32	1 1	2
		2012	40	4	36	45	13 3	15
最も旅行に行きたい国	日本	2015	67	10	57	30	2*	3
		2012	52	7	45	42	6	6
	中国	2015	21	1 20		58	17 4	21
		2012	26		26	48	18 8	27
	アメリカ	2015	48	11	37	46	6	6
		2012	35	8	27	44	10 10	20
日本のイメージ	良い印象	2015	65	12	54	31	3*	3
		2012	58	8	50	40	2 1	3
	悪い印象	2015	39	3	36	47	12 1	14
		2012	30	2	28	49	18 4	22

■非常に信頼できる　■信頼できる　□分からない　■信頼できない　■非常に信頼できない

図1-6　2012／2015年度　選好国別信頼度
出典：（公財）日本台湾交流協会「2015年度対日世論調査」詳細版

(7) 世代別信頼理由

日本を信頼できると答えた方に、なぜそう考えるか質問したところ、「慎重な国民性」が全体を通して一番高かった。世代別には「文化面での共通」「交流の歴史」「地理的な近さ」「経済的結びつき」などは 20〜30 代より 40 代以降のほうが高い（図 1-7）。

		%	慎重な国民性	文化面での共通性	長い交流の歴史	地理的な近さ	経済的結びつき	日本製品の良さ	恩を感じている	その他
性別	男性	2015	63	53	57	56	51	*	1	2
		2012	NA	57	62	53	62	NA	NA	1
	女性	2015	64	60	53	54	47	1	*	4
		2012	NA	61	62	47	52	NA	NA	-
年齢	20-29	2015	61	45	44	43	39	-	1	3
		2012	NA	55	55	46	49	NA	NA	1
	30-39	2015	60	49	41	45	37	-	1	1
		2012	NA	48	59	38	48	NA	NA	-
	40-49	2015	77	68	72	64	65	2	-	4
		2012	NA	59	68	51	72	NA	NA	-
	50-64	2015	61	67	69	67	58	1	1	5
		2012	NA	65	65	63	62	NA	NA	2
	65-80	2015	65	57	54	60	51	2	-	2
		2012	NA	75	68	65	66	NA	NA	-

図 1-7　2012／2015 年度　世代別信頼理由
注：「−」は回答者なし、「＊」は 1 未満
出典：（公財）日本台湾交流協会「2015 年度対日世論調査」詳細版

(8) 世代別不信理由

日本は信頼できないと答えた方に、その理由を聞くと「過去の歴史的経緯」が全体を通して一番高かった。ただ全般的には2012年度に比べ下がっている。注目しておきたいのは「親からそう教わった」「学校でそう教わった」というのが30代では0回答であるのに対し、40代以上および20代に出ていることである（図1-8）。

			過去の歴史的経緯	経済面・技術面での競争関係	文化面での警戒心	親からそう教わった	学校でそう教わった	実際に信頼を裏切られたことがある	その他
		%	81/84	38/49	25/26	14/19	11/21	7/19	10/3
性別	男性	2015	84	43	24	14	9	9	8
		2012	80	46	22	17	17	20	3
	女性	2015	78	33	26	15	14	5	13
		2012	89	54	31	21	25	19	3
年齢	20-29	2015	79	38	21	18	18	-	-
		2012	79	9	30	10	-	-	10
	30-39	2015	66	-	-	-	-	34	-
		2012	91	46	10	-	-	27	9
	40-49	2015	83	53	27	12	17	16	6
		2012	91	54	27	19	21	23	2
	50-64	2015	79	35	22	15	9	7	10
		2012	83	48	27	16	23	19	1
	65-80	2015	85	37	31	15	11	-	15
		2012	71	60	28	37	32	16	4

図1-8　2012／2015年度　世代別不信理由
出典：（公財）日本台湾交流協会「2015年度対日世論調査」詳細版

（9） 世代別意識格差と教育

40代を境にして20～30代と40～70代の間に対日意識に差が生じているのは、図1-8「親からそう教わった」「学校でそう教わった」といった歴史教育の問題も要因のひとつと考えられる。台湾人は戦前、戦後、民主化後、と大きく3つの歴史教育の変更がある。戦前は日本統治下における皇民化教育、戦後の国民党戒厳令下では排日教育、李登輝民主化政権後は「認識台湾[18]」による親日教育である。言語も日本語、北京語、北京語と台湾語と変更された。この影響で、台湾では祖父母とその息子・娘や孫の間で、日常のコミュニケーションが難しいといった問題も生じている（表1-1）。

教育の影響を深く受けるのが12歳ころからとすれば、2015年度の対日世論調査の対象は80歳までなので、日本統治下の日本語教育世代は、ほとんど対象には入っていない。李登輝政権による親日教育が始まった時期に12歳であった子供は2015年時点で39歳である。それ以前の年代に親日度が高いのは、やはり歴史教育の影響もひとつの要因である。

表1-1　日本統治時代～現在　歴史教育変遷年表

年	台湾統治小史	歴史教育	国語	2015年時点の年齢
1895年	日本統治時代	日本教育	日本語	120歳
1945年	終戦・中華民国国民党が接収	↓	↓	70歳
1947年	国民党時代・蒋介石総統	排日教育	北京語	68歳
1987年	戒厳令解除			28歳
1988年	蒋経国死去・李登輝総統時代	親日教育	北京語 台湾語	27歳
2000年	民進党・陳水扁政権	↓	北京語	15歳
2008年	国民党・馬英九政権	親日修正		7歳
2016年	民進党・蔡英文政権	↓		

---

18 「認識台湾」は日本統治時代を客観的に肯定した記述による歴史教科書。内容の3分の2は日本統治時代に割かれており、日本統治の事実を客観的に記述している。必ずしも「親日」と規定できないが、本節では対比上「親日教育」とした。陳水扁政権後終了した。

1-3　日本旅行と旅の情報源

(1) 国・地域別海外旅行希望先

　過去 5 回の調査のなかで日本は常にトップを維持している。直近の 2015 年度は 2012 年度に比べ上昇し、逆に欧州、中国の数値が下降している。

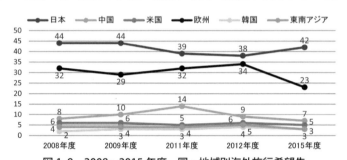

図 1-9　2008〜2015 年度　国・地域別海外旅行希望先
（質問：海外旅行をするとした場合、どこへ行きたいですか？（単一選択））
出典：（公財）日本台湾交流協会「2015 年度対日世論調査」概要版

(2) 旅行希望先日本世代別比較

　世代別に見ても好感度、信頼度と同様、40 代を境に前後の世代に開きがある。

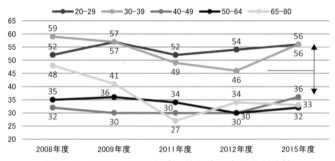

図 1-10　2008〜2015 年度　旅行先日本世代別比較
出典：（公財）日本台湾交流協会「2015 年度対日世論調査」概要版

（3）関心領域

　日本への関心は全体として1位となっており、上位から「観光」、「自然・風土」「日本人の精神・哲学」「科学技術」「伝統文化」と続く。興味を引くのは「日本人の精神・哲学」が上位に入っていることや、40代以降の世代に20～30代に比べ「観光」の数値が高いことである。

			観光	自然・風土	日本人の精神・哲学	科学技術	伝統文化	現代文化・ポップカルチャー	国民の日常生活	安全保障	教育	経済	スポーツ	政治	その他	当てはまるものがない
	%		77	59 63	57	55 52	54 55	48 45	48 53	42 40	42 39	33 35	19 22	9 10	1 *	1 4
性別	男性	2015	73	53	58	61	51	46	43	38	41	40	22	11	1	1
		2012	NA	59	NA	57	50	42	48	39	37	37	26	10	-	4
	女性	2015	81	65	55	48	57	50	52	46	42	27	17	6	1	1
		2012	NA	67	NA	48	61	47	58	41	32	32	18	10	-	3
年齢	20-29	2015	70	47	57	42	47	61	44	26	35	32	8	10	2	1
		2012	NA	47	NA	32	52	62	48	23	22	24	15	4	1	4
	30-39	2015	75	44	50	38	44	53	41	21	23	19	9	6	1	-
		2012	NA	60	NA	37	55	49	48	21	24	23	7	4	*	1
	40-49	2015	89	71	54	70	68	54	50	56	47	40	26	10	1	1
		2012	NA	70	NA	69	57	44	52	50	47	45	24	10	-	3
	50-64	2015	79	68	63	64	56	41	52	56	52	39	26	9	*	2
		2012	NA	72	NA	66	57	34	58	54	53	39	30	17	-	6
	65-80	2015	68	62	57	56	56	24	51	46	50	35	28	8	1	1
		2012	NA	66	NA	54	55	34	60	54	53	46	40	14	1	5

図1-11　2012／2015年度　日本の関心分野
（質問：日本のどの分野に関心がありますか？（複数回答可））
出典：（公財）日本台湾交流協会「2015年度対日世論調査」詳細版

（4） 日本のイメージ

日本のイメージは全体として「きまりを守る国」「自然の美しい国」「豊かな伝統と文化を持つ国」「経済力・技術力の高い国」の4項目が大きな要素である。20～30代に比べ40代以降の世代にこの要素の数値が高い。

全体（%）:
- 2015: 78, 77, 74, 72, 54, 52, 31, 24, 19, 18, 17, 14, 10, 10, 1
- 2012: 71, 75, 71, 72, 44, 51, 36, 37, 29, 29, 28, 18, 17, 16, 1

性別／年齢		年度	きまりを守る国	自然の美しい国	豊かな伝統と文化を持つ国	経済力・技術力の高い国	平和な国	民主的な国	クール・おしゃれな国	影響力を失いつつある国	傲慢な国	好戦的な国	警戒を要する国	国際貢献に消極的な国	閉鎖的な国	不可解な国	その他
性別	男性	2015	75	74	71	77	53	53	34	25	20	18	19	16	10	11	*
		2012	69	73	65	74	42	54	35	40	31	31	30	19	18	18	1
	女性	2015	80	80	77	68	54	50	29	23	19	18	15	12	10	9	1
		2012	72	78	77	70	45	47	37	34	28	27	26	17	16	14	1
年齢	20–29	2015	69	64	63	62	49	32	17	8	5	5	4	1	3	1	*
		2012	61	57	59	59	33	26	19	18	9	6	6	3	5	3	1
	30–39	2015	72	59	63	57	34	21	13	11	7	5	3	1	6	3	*
		2012	64	57	55	58	25	28	18	24	7	12	10	2	7	3	–
	40–49	2015	90	93	86	82	72	77	51	36	28	29	22	22	18	16	1
		2012	83	91	84	85	56	71	54	55	45	47	41	32	28	27	–
	50–64	2015	82	86	78	80	60	65	39	31	29	24	25	23	11	15	1
		2012	74	89	83	83	51	67	48	50	43	45	46	26	25	27	1
	65–80	2015	70	82	79	80	52	63	35	25	25	31	21	12	13	13	1
		2012	70	84	74	71	60	64	41	31	32	34	36	27	21	17	2

図1-12　2012／2015年度　日本のイメージ

（質問：日本に対してどのようなイメージを持っていますか？（複数回答可））
出典：（公財）日本台湾交流協会「2015年度対日世論調査」詳細版

(5) 日本の魅力

日本の魅力については「自然環境」「清潔さ」「温泉」「日本料理」「安全性」などが高い。興味を引くのは、2015年度から「温泉」「祭りなど地方文化」を分割して質問すると、20～30代の世代では「祭りなど地方文化」が思ったほど高くないことである。また、40代以降の世代では「ショッピング」「日本人の国民性」の数値が上昇している。

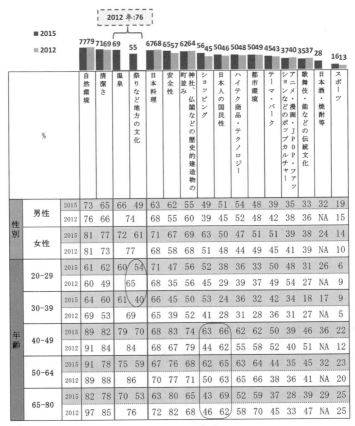

図1-13　2012／2015年度　日本の魅力

（質問：（日本に行きたいと答えた方に）日本のどこに魅力を感じますか？（複数回答可）＊2015年度は「温泉」「祭りなど地方文化」を分割、2012年度調査は「温泉、祭りなど地方文化」としていた。）

出典：（公財）日本台湾交流協会「2015年度対日世論調査」詳細版

1-4 世論調査と消費動向調査

　台湾人が現地対日世論調査で回答した日本の魅力項目を、観光庁が毎年調査を行っている訪日外国人消費動向調査の行動調査項目と比較してみた。日本の魅力項目のなかで「清潔さ」や「安全性」といった定性的項目は消費動向調査では示せないが、その他の類似項目ではランキングに差異がある。意識と実際の観光行動には違いがあり、行動調査のデータのみで台湾人が好むことと判断するのは早計である。

表 1-2　2015年度　対日世論調査と消費動向調査比較表

順位	2015年度対日世論調査（日本の魅力）	順位	2015年度訪日外国人消費動向調査（日本でしたこと）
1位	自然環境	1位	日本食
2位	清潔さ	2位	ショッピング（繁華街の街歩き）
3位	温泉	3位	自然・景勝観光地
4位	日本料理	4位	旅館に宿泊（温泉入浴）
5位	安全性	5位	日本のお酒を飲むこと
6位	神社・仏閣などの歴史的町並み	6位	テーマパーク
7位	ショッピング	7位	日本の歴史的伝統文化体験
8位	祭りなど地方の文化	8位	日本の日常生活体験
9位	都市環境（ハイテク商品・テクノロジー）	9位	美術館・博物館
10位	テーマパーク	10位	ポップカルチャー

出典：（公財）日本台湾交流協会「2015年度対日世論調査」詳細版　観光庁平成27年（2015年）訪日外国人消費動向調査に基づき作成。＊消費動向調査の「ショッピング」「繁華街の街歩き」と「旅館に宿泊」「温泉入浴」は同じカテゴリーにした。

外国人旅行者に人気の「和食」と景勝観光地「兼六園」

1-5 訪日旅行の情報源

　日本の旅行情報入手先でもっとも注目すべき変化は、テレビが下落しインターネット利用が上昇していることである。2015 年度 20 代では逆転し、30 代では同数値まで肉薄している。

			テレビ	インターネット	自分の訪日経験	台湾の友人・知人	家族、親せき	新聞・雑誌	書籍	日本の友人・知人	映画	ラジオ	学校での教育	ビデオ、VCD、DVD	その他
性別	男性	2015	32	25	12	9	5	9	2	3	1	*	1	1	1
		2012	34	22	11	5	4	13	2	1	2	1	2	1	-
	女性	2015	29	23	12	8	11	7	4	2	1	*	*	1	1
		2012	47	13	12	5	6	10	2	1	2	*	1	1	*
年齢	20-29	2015	(23)	(38)	10	12	6	5	3	1	1	*	1	-	*
		2012	37	32	4	6	4	6	3	3	3	-	2	2	-
	30-39	2015	(28)	(28)	16	9	8	3	1	1	2	-	*	1	-
		2012	40	24	11	5	4	9	2	*	2	-	-	1	-
	40-49	2015	36	23	12	9	7	7	3	*	1	1	1	-	*	1
		2012	47	16	11	4	3	13	1	*	2	1	1	1	-
	50-64	2015	37	19	10	7	8	10	3	1	-	1	1	-	*
		2012	40	10	15	3	7	16	1	2	2	1	2	1	*
	65-80	2015	24	10	14	7	15	17	3	3	1	-	3	-	2
		2012	39	1	14	9	12	15	1	2	1	1	5	-	-

図 1-14　2012／2015 年度　日本旅行情報入手先
（質問：あなたは日本に関する情報をおもにどこから得ていますか？（単一選択））
出典：（公財）日本台湾交流協会「2015 年度対日世論調査」詳細版

1-6　日本語教育世代の観光行動と意識

　2015年度対日世論調査における対象年齢層は20歳以上80歳までである。終戦を迎えた1945年以前に生まれ、日本語教育を受けた小学校高学年以上の方々の意識はこの調査に反映されない。よって、2014年、著者は日本語教育世代の方々が集まる団体に赴き、アンケートによる観光行動・意識調査を行った。対象者は106名だが、回答には空白があったりするため設問に対する有効回答率は56～65名とばらつきがあった。設問調査の目的は、①日本語教育世代の訪日観光行動、②世代間（息子、娘、孫）に訪日観光意識の引継ぎはあるか、である。今後、この世代に対する調査は不可能に近く貴重なデータと思われる。

日本統治の名残り（金爪石）「新北市立黄金博物館」

（1）　訪日旅行の観光行動

　アンケート対象者の属性は回答者の80％の方々が80代、教育レベルは高校、大学出身者が多く、当時の台湾人のなかでも高いレベルにある。また、ほとんど全員が日本語教育を受け、全員が日本旅行を経験している。訪問回数は10～20回がもっとも多く、30回以上の方も20％いるヘビーリピーターである。旅行日数も7日から13日が半数近くと長期の日本旅行をしており、同伴者は家族が主体である。興味深いのは、日本のほとんどの地方をまんべんなく旅行していることである。高齢のためか団体で旅することが多く、旅行会社を通じて手配をしている。意外であったのは、宿泊はホテル利用が多いことである。一般の台湾人は布団が苦手な人が多く、この世代も同様である。旅行の動機は日本語教育の影響が強く、旅先のコミュニケーションが楽であることが推測される。満足度や再訪意向も高く、日本での観光目的は自然・景勝観光地や四季の体験がもっとも高い。

表1-3　日本語教育世代に対する観光行動アンケート（本人）　【単位：人】

アンケート対象者の属性			
年齢	70代：9	80代：51	90代：3	合計：63
性別	男性：28	女性：32		合計：60
学歴	小学校：4	中学校：14	高校：22	合計：57
	大学：16	大学院：1		
日本語教育	受けた：55	受けない：1		合計：56

旅行経験		
日本に旅行したことがありますか？	ある	61
	ない	0
	合計	61
旅行回数		
今までに何回、日本に行きましたか？（単一回答）	1回	0
	2-5回	11
	5-9回	10
	10-20回	27
	30回以上	12
	合計	60
旅行日数		
1回の日本旅行で何日滞在しますか？（単一回答）	3日以内	2
	4-6日	19
	7-13日	25
	14-20日	3
	20日以上	10
	合計	59
旅行同伴者		
いつも誰と一緒に旅行しますか？（複数回答可）	夫婦	38
	家族	28
	友人	26
	その他	12
	合計	104
旅行先		
今まで旅行した日本の訪問地は？（複数回答可）	北海道	56
	東北	34

		東京（関東）	61
		名古屋（中部）	49
		大阪・京都（関西）	57
		金沢（北陸）	39
		広島（中国）	42
		四国	39
		九州	49
		沖縄	40
		合計	466
旅行形態			
今までの旅行は？（単一回答）		個人旅行	2
		団体旅行	16
		個人・団体両方	40
		合計	58
旅行手配			
旅行の手配はどうしますか？（単一回答）		自分	14
		旅行会社	49
		日本の親族・友人	2
		合計	65
旅行目的			
日本旅行の目的は？（複数回答可）		観光・レジャー	53
		仕事	10
		家族・友人訪問	23
		治療・健診	1
		社員旅行	1
		国際会議・イベント	7
		その他	9
		合計	104
宿泊手段			
日本旅行の際、何処に泊まりますか？（複数回答可）		ホテル	50
		旅館	17
		別荘	1
		親族・友人宅	16
		合計	84

旅行動機			
日本に旅行する動機は？（複数回答可）		日本語教育の影響	39
		家族・友人の希望	17
		親族・友人訪問	21
		仕事	10
		会議	10
		会社の旅行	6
		テレビ番組や映画の影響	1
		本・雑誌の影響	1
		バス・看板広告	2
		インターネット	1
		その他	3
		合計	111
旅行満足度			
日本旅行の満足度は？（単一回答）		大変満足	43
		やや満足	13
		普通	3
		やや不満	0
		大変不満	0
		合計	59
再訪意向			
また日本に旅行したいですか？（単一回答）		必ず行きたい	33
		まあ行きたい	18
		何ともいえない	3
		あまり行きたくない	1
		絶対行きたくない	0
		合計	55
滞在中にしたこと			
日本旅行中にしたことは？（複数回答可）		買物	24
		日本食	25
		温泉・旅館	35
		自然・景勝観光地	41
		四季の体験	39
		歴史・文化施設見学	26

	治療・健診	2
	スポーツ	0
	友人訪問	23
	美術館訪問	8
	その他	2
	合計	225
次回したいこと		
次回の日本訪問でしたいことは？（複数回答可）	買物	15
	日本食	19
	温泉・旅館	22
	自然・景勝観光地	35
	四季の体験	26
	歴史・文化施設見学	18
	治療・健診	0
	スポーツ	0
	友人訪問	19
	美術館訪問	6
	その他	4
	合計	164

（2） 次世代に対する訪日意識

　観光行動調査を行った対象者のなかで子供、孫がいる方々を対象にアンケートを行った。子供、孫世代の日本語教育の影響や、日本旅行に対する意識を質問した。本人は80代が多く、子供は50代、孫が20代の家族構成が一番多い。子供、孫ともに日本語を喋らない比率が60％以上と高い。50代の子供は当時戒厳令で、排日教育、日本語禁止の世代であり日本語を喋らない予想はついたが、20代の孫世代もさらに喋らない比率が高いことは興味深い。やはり祖父母より親の影響が強いことがうかがえる。留学経験は子供、孫ともに欧米が主流である。ただ、子供、孫世代ともに日本旅行の経験はほとんどが有する。逆に旅行しないのはなぜかと聞くと、教育の問題という回答が多い。最後に本人が、子供、孫世代に積極的に日本旅行を勧めると回答した方々が多数であった。

表 1-4　日本語教育世代に対する次世代観光意識アンケート（子供・孫）

【単位：人】

アンケート対象者の属性						
家族構成	子供	30代：3	40代：22	50代：38	60代：18	合計：81
	孫	10代：10	20代：22	30代：11		合計：43

日本語教育				
子供・孫は日本語を喋りますか？（単一回答）		子供	喋る	16
			喋らない	28
			合計	44
		孫	喋る	8
			喋らない	31
			合計	39
留学経験				
子供・孫は留学経験がありますか？（単一回答）		子供	ある	45
			なし	3
			合計	48
		孫	ある	25
			なし	7
			合計	32
「ある」と答えた場合の留学先は？		子供	日本	13
			欧米	32
			合計	45
		孫	日本	6
			欧米	21
			合計	27
日本旅行経験				
子供・孫は日本旅行経験がありますか？（単一回答）		子供	ある	48
			なし	5
			合計	53
		孫	ある	40
			なし	3
			合計	43

上記で「なし」と答えた方			
どうして、旅行しないと思いますか？ （複数回答可）	子供・孫	日本に興味がない	0
		他国に興味がある	2
		教育の問題	5
		その他	1
		合計	8
日本旅行の推奨			
子供・孫に日本旅行を勧めますか？（単一回答）		大いに勧める	40
		まあ勧める	11
		何ともいえない	1
		勧めない	0
		合計	52

【調査先：社団法人台北市松年福祉会「玉蘭荘」、友愛グループ、双連教会・調査時期：2014年12月1日・調査設計：アンケート用紙による記入・調査対象：70～90歳の男女（全員日本語教育世代）・調査地域：台北市・サンプル数：106名（内、有効回答約56～65名）・結果の表示：人数による表示】

1-7　台湾人の訪日行動と意識傾向

　2015年度に行った世論調査では、台湾人の日本に対する好感度、親近度が全世代で上昇している。台湾政府高官の「現在の日台関係は過去最高に良い状態」「日本と台湾は特殊な関係」といった言葉をよく耳にするが、対日世論調査にはその事実がよく現れている。

　興味深いのは、20～30代と40～70代の2つの塊において数値に開きがある。要因のひとつとして、20～30代層は民主化後の学校教育を受けた層、40～70代は戒厳令下の蒋氏国民党政権時代に排日教育を受けた層であることから、学校教育が要因のひとつととらえている。前者は「無邪気な親日世代」、後者は「日本に先入観があったが、観光する機会に触れ親日化していく世代」といえよう。また、サンプル数は少ないが、80代以上のコアな親日層である日本語教育世代の子供、孫に関する問いにも同様に教育の問題が出てくる。

　日本旅行については、常に旅行先1位の座にあるが、2012年度、近づきつつあった欧州が大幅に下落し、2015年度は独走態勢といってもよい。これは、2012年度からのアベノミクスによる大幅な円安傾向が影響している。台湾における欧州旅行は、期間も長く、費用も日本旅行より約3倍も高い（日本政府

観光局（JNTO）、2017）。また、旅行希望先を日本にしている世代において、好感度、親近度同様、20〜30代が40〜70代に比べ高支持率である。日本の関心、イメージ、魅力については、おおむね観光庁で実施している訪日外国人消費動向調査と項目は似ているが、日本人の精神・哲学、きまりを守る、清潔さ、安全、など定性的な項目を見逃してはならない。煎じ詰めれば、「日本人がもつ精神世界」が台湾人に深い感動を与えている。旅の情報源においてはインターネットの台頭を見逃してはならない。特に20〜30代にとって、テレビ等従来の媒体よりも今後大きい影響力を持つであろう。

台北松山空港
日本へ向かう飛行機も多い

　独自調査を行った日本語教育世代については、日本旅行への回数も多く、日本中くまなく旅行している。その子供、孫の世代は、それぞれ50代、20代が中心である。これらの方々は、欧米中心に留学経験が多い。著者が台湾駐在中に感じたことは、50代世代は20代よりも日本語が喋れず、逆に英語を喋る人が多い。いずれにしろ、その世代も日本旅行を通じて、日本への関心と親近感を増やしているのが世論調査の経年変化で読み取れる。

　台湾人の全世代が同様な「親日意識」ではなく、大きく分けて3つの世代間に意識の開きがある。訪日旅行の最大ボリュームゾーンである20〜30代は、民主化後の客観的な「親日教育」を受け日本に対する好感度が高い。40〜70代の世代は排日教育を受けながらも、訪日旅行経験を通じて日本に対する親日度を高めている。80代以降の世代は、日本統治時代の皇民化教育によるコアな親日世代である。

　このように、台湾人の「親日意識」には歴史的背景が大きな影響を与えている。それでは次章にて、台湾の歴史的変遷を振り返り、「親日意識」に影響を与えた要因を考察する。

第2章　台湾の歴史と経済

　台湾は第二次世界大戦以前、日本の「植民地経営」による統治が半世紀続いた地域である。戦後を含め、世界のほかの国々や地域と比べ歴史・経済的に特別な関係にある。
　台湾と日本の歴史・経済的関係の深い結びつきを時系列に追ってみた。台湾近代化に日本が果たした役割と「親日台湾」といわれる要因はなぜだろうか。

2-1　台湾はどのような地域なのか

　台湾は人口約2,300万人で日本の南西に位置する。面積は約36,000km²と日本の九州より少し小さい島嶼地域である（図2-1）。気候区分は中部嘉義市にある北回帰線を境として、北部は亜熱帯、南部は熱帯に位置する。主要都市圏は北部、中部、南部の3つに分かれ、中核都市はそれぞれ台北、台中、台南・高雄市である。民族は、①本省人（人口の約70％、中国福建省南部出身、初期の移民者）、②客家人（人口の約15％、中国広東省東部出身、福建省移民者よりやや遅れ、初期の移民者）、③外省人（人口の約13％、第二次世界大戦後中国大陸国民党政府関係者による移民者）、④原住民（人口の約2％、マレー・ポリネシア系先住民）と4つのエスニック・グループに分けられる。言語は正式には「国語(ゴーユー)」と呼ばれる北京語が標準語であるが、中・南部を中心に話し言葉として台湾語、客家人の客家語が使われている。政党は国民

図2-1　台湾全図
出典：Google map

党、民主進歩党の二大政党である。

2-2 台湾の歴史と経済

　台湾の歴史は、史実として正確な資料で説明できるのは1624年から2017年現在までの約400年間である（表2-1）。それ以前すでに定住していたマレー・ポリネシア系先住民は文字を持たず、部族単位に統治が分かれ地域の統一はなされていなかった。

(1) 先史時代

　15世紀後半西ヨーロッパ諸国による大航海時代、アジア進出の先鞭を切ったポルトガルはインドのゴア、マラッカ海峡の港町を手中に収め東南アジア、東アジアにおける貿易を独占した。台湾は西太平洋で活躍するポルトガル人によって「発見」された（伊藤潔、1993）。

表2-1　台湾略史（1624～2017年）

統治者	年代	期間	略史
オランダ	1624～1661	38年	オランダが南部台湾を占領。2年後にスペインが北部台湾を占領するが、最終的にオランダがスペインを駆逐した。
鄭一族	1661～1683	22年	明国再興をめざし鄭成功がオランダ勢力を駆逐するも、死後、後継者を巡る内紛と統治に失敗し清国に併合された。
清国	1684～1895	212年	清国は212年間統治したが、190年間は消極的な政策を執った。「放棄論」もあったが海賊や犯罪者対策としての消極的統治であった。積極策に転じたのは清仏戦争後の欧米列強による帝国主義進出が始まった後となった。
日本	1895～1945	50年	日本の統治で初めて台湾の近代化が始まった。本格的には第4代総督児玉源太郎、後藤新平民生長官時代から始まる。おもに①公衆衛生、②インフラ整備、③産業振興、④教育の充実によって台湾の社会基盤が整った。
蒋氏国民党	1945～1988	43年	第二次世界大戦終了後、日本による植民地統治が終わり中国大陸内戦に敗れた国民党による統治が始まる。戒厳令を40年間施行し一党独裁体制を敷いた。
民主化	1988～2017	30年	1988年李登輝第3代総統が登場し、蒋氏以外の総統が選出され民主化が始まった。その後、民主進歩党、国民党の政権交代が始まり現在に至る。

出典：「台湾」（伊藤潔、1993）をもとに作成

台湾を航行中の船員が、その島影を見て「Ilha Formosa！（イラ・フォルモサ！）」と感嘆の声を上げたのが始まりと伝えられている。Ilhaとは島、Formosaとは麗しいという意味で、今日でも台湾を紹介する旅行会社のパンフレットには「麗しの島台湾」というキャッチフレーズが使われたりもする。また、最近では台湾独立志向の強い陳水扁総統（在位2000年-2008年）民主進歩党政権時代に台湾正名政策[3]のなかで、中華航空（チャイナ・エアライン）の名称をフォルモサ航空に変更しようといった検討がなされたこともある。

当時の台湾はわずかな漢民族系の移住民のほかに、マレー・ポリネシア系の人びとである原住民が先住していた。単一の部族ではなく異なった言語や風俗習慣を持ち、複数の部族に分かれ統一した政権を持たなかった。台湾海峡沿岸では、海上武装船団である倭寇や海賊が中国の沿岸地域に出没し荒らしまわっていた。中国の元王朝（1271年-1368年）は台湾との間にある膨湖島に警備と治安にあたる「巡検司」を置いていたが、明王朝（1368年-1644年）はそれも廃止し、台湾は風土病が蔓延する未開の地と考え進出しなかった（伊藤潔、1993）。

「タイワン」という地名の由来は、台南付近に居住していた先住民が外来者あるいは客人を「タイアン」（Taian）、または「ターヤン」（Tayan）と称していたのが訛って、「タイワン」となったものである（伊藤潔、1993）。こういった先住民の呼び名から地名となった例はほかにもある。台湾南部最大の都市「高雄」は先住民の集落タアカオ社が由来である。移住者の漢民族が中国語のあて字「打狗[4]（ダーグォ）」と名づけ、それが日本統治時代には「高雄（タカオ）」と命名された。現在もそのまま中国語で「高雄（ガオション）」と呼ばれている（司馬遼太郎、2005）。

（2） オランダ統治時代

ポルトガル、スペインに遅れること80年あまり、オランダは1596年インドネシアのジャカルタに進出しバタビアと名づけた。1602年には植民地を経営する世界で初めての株式会社「オランダ連合東インド会社」を設立し、中国と日本の貿易ルートの中継基地を探した。

---

3 「台湾正名政策」とは、「中華」や「中正」などの国民党政権時代の中国本土由来の名称から台湾由来の名称に変更する政策。
4 中国語の意味は「犬を叩く」になる。語呂合わせながら良い印象ではない。

最初は台湾と中国沿岸に位置する膨湖島に 1603 年上陸したが、中国明王朝の反撃にあって失敗した。再度占領するも結局、明王朝が膨湖列島撤退を条件に台湾の領有を認め、オランダと中国の貿易を認めるといった停戦協定が結ばれた。これはオランダからすると破格の条件であ

安平古堡

り、明王朝は台湾を自国の領土とは考えていなかった。

1624 年 8 月 26 日オランダ艦隊は台湾南部の台南付近に上陸した。オランダ連合東インド会社は台湾長官を任命した。台湾長官は日本の長崎にあったオランダ商館の商館長とは違い、貿易業務に加えて植民地行政の責任者であった。オランダはただちにゼーランジャ城（現・安平古堡）、プロビンジャ城（現・赤嵌楼）要塞を構築し、周辺に中国からの移民を居住させ城下町を築き、今日の台南市の基礎となった。

オランダが領有する以前より台湾は日本船と中国船の出会貿易の重要な拠点であった。ところがオランダは排他的な支配と貿易の独占をはかり、外国船貿易の輸入や再輸出に 10% の関税をかけた。また、オランダは「王田制[5]」にならい、すべての土地をオランダ連合東インド会社の所有とし、移住民に貸与して収穫物の 5〜10% の小作料を徴収した。新たな移民からは人頭税も取り立てた。中継貿易ではバタビアから東南アジアの香辛料を輸出し、日本からはおもに銀、中国から絹、陶器などを輸入、台湾からは砂糖と鹿皮を輸出し多角間貿易を展開した。まさにオランダは重商主義時代の植民地経営そのもので、莫大な利益を得た。この時期のオランダによる鹿の乱獲により台湾の鹿がほとんど絶滅状態となった。今日、台湾訪日旅行者が鹿を見るため奈良県を訪問するのは何とも皮肉な結果といえよう。

1626 年フィリピンを植民地化していたスペインは、オランダに日本や中国との貿易を独占されることを恐れ、台湾東北部基隆に上陸し、1628 年には淡

---

5 「王田制」とは土地の国有化を行う社会主義的政策。紀元前 9 年中国で新を建国した王莽が初めて行った。

水を占領しサン・ドミンゴ要塞（現・紅毛城）を築いた。しかし、スペイン占領は先住民の襲撃やマラリアなどの風土病に悩まされうまくいかず、1642年にオランダ軍に駆逐され17年間の統治に幕を閉じた。やがてオランダの支配は北部にまで及んだ。

38年間に及ぶオランダ統治の台湾社会に与えた影響は以下の2点である。

① 人口増加

オランダが38年間に及ぶ台湾統治に投入した人員は2,000人に過ぎず、開発の労働力として対岸の中国から多くの移民を導入した。これが台湾における漢民族人口増加の最初のきっかけとなった。

② 農業開発

農業開発のなかでもとりわけ貢献したのは、砂糖産業の育成である。もともと台湾南部はサトウキビ栽培の適地であり砂糖の生産が行われていた。オランダは砂糖輸出の利益に着目し、サトウキビのプランテーションを増やして増産に取り組み、重要な輸出産業に成長させた。砂糖産業はその後300年間にわたり、台湾の重要な輸出産業となった。

（3） 鄭一族統治時代

オランダの台湾統治と同じころ、中国では満州族の勢力が膨張していた。1636年には国名を「後金」から「大清国」に改め、朝鮮族を服属させ、漢民族の明王朝にとって代わろうとしていた。1628年明王朝は、東アジア海域に勢力を張る海賊の統領である鄭芝竜[6]（1604年-1661年）に助けを求めその軍事力と資金力に期待した。当時、鄭芝竜はオランダと協定を結び、オランダ海上貿易輸送の安全を確保することによって利益を得ていた。鄭芝竜は日本の平戸に滞在中、平戸藩士田七右衛門の娘であるマツと結ばれ、1624年に長男の鄭森[7]（1624年-1662年）をもうけた。鄭森は母と弟とともに中国大陸に渡った。明王朝はその後勢力を弱め南京、福建と南下し鄭一族の支配下にあった。鄭成功の名の由来は、鄭森が21歳のとき、福建明王朝の隆武帝（在位1602年-1646年）より明王朝の姓（国姓）である「朱（姓）」を授かり、名前も「成功」と改められたことからきている。これが日本の江戸時代歌舞伎で有名な「国姓

---

6 鄭芝竜は中国福建省安南県出身、鄭成功の父にあたる。

7 鄭森は後の鄭成功。

爺・鄭成功」である。1646年清軍は福建に南進し、隆武帝は捕らえられ、鄭芝竜は北京に幽閉、母は自害した。鄭成功とその一族は中国各地を転々とし、異民族の満州王朝を認めず漢民族の明王朝の再興を果たす「反清復明」を唱えた。1662年清国に追い詰められ、福建省厦門と金門にいた鄭成功軍は、局面打開のため台湾に侵攻し、オランダの38年間にわたる台湾支配に終止符が打たれた。

鄭成功の台湾進出の動機は、のちの第二次世界大戦後の中国国民党とよく似ている。どちらも中国での統治権力闘争に敗れ、前者は「反清復明」後者は「中華民国の再興」を唱え、台湾を反攻のための拠点と考え、軍事政権による過酷な人民支配を行った。台湾に到着して1年足らずに鄭成功は39歳の生涯を終え、その後長男の鄭経（1642年-1681年）と弟の鄭世襲（不明-1663年）との間の後継者争いなどが続き、1683年に鄭氏政権はその幕を閉じた。

22年間に及ぶ鄭氏政権統治の台湾社会に与えた影響は、以下の2点である。

① 人口増加

オランダ時代よりもそのインパクトは大きい。オランダ支配末期の台湾の人口は約10万人あまり、そのうち移住民は2万人あまりと推計される。鄭成功の大群とその家族だけで3万人が新たに移住した。中国から台湾への最初の集団移民とされる。

② 行政区画と農地開発

鄭政権は台湾における行政区画の整備、農地開発に伴う土地制度および戸籍の整備を行った。「営盤田」（屯田）といった土地の開墾を行い、台湾における土地の私有制度をはじめた。これにより南部を中心とした農地の開発が飛躍的に広がった。

(4) 清国統治時代

清王朝（1644年-1912年）は明王朝と同様、当初台湾の領有に興味を示さなかった。しかし、清王朝に反目する鄭氏政権の存続を認めず、台湾の攻略に乗り出した。清王朝は鄭氏政権打倒のため、鄭氏政権に背いた台湾の内実を熟知している施琅（1621年-1696年）に台湾攻略の総指揮を任せ1683年に占領した。

清王朝内には占領後も台湾の領有に関して「放棄論」と「領有論」があった。放棄論は古来より台湾は海賊、逃亡犯、脱走兵など無法者の巣窟で、マラリアや風土病が蔓延する「化外の地」であるとした主張である。これに対して「領

有論」は台湾攻略に功績があった施琅が台湾の放棄と領有の利害に関する上奏文を提出した。その内容を要約すれば次のようなものであった（伊藤潔、1993）。

> 台湾は肥沃で物産も豊富である。台湾を放棄すれば、将来、不穏な勢力が生まれ中国沿岸を襲い大きな災いが起こる。台湾を領有したオランダが再度占領することもありえる。やがて当時の皇帝康熙帝（在位1654年-1722年）は施琅の上奏を受け入れ1684年台湾領有が正式に決定した。
>
> 清国は212年間台湾を領有したが、1874年までの190年間は消極的な統治であった。その統治の基本は台湾が再度盗賊の巣窟となり、反政府勢力の根拠地となるのを防ぐことに重点がおかれた。すでに台湾に移住していた十数万人を強制的に中国大陸に引き揚げ、台湾に赴任する官吏の任期は3年と短く家族の同行も禁じた。総数約1万人からなる陸軍と水軍の部隊は3年毎に移動させた。いずれも長期に滞在することで土着化し、台湾住民と結託して反乱を起こすことを恐れた。また、中国からの移民制限や渡航の厳格化を行った。台湾の移民者には先住民の居住地域への入植を禁じた「封山令」を発令し、移住民と先住民との隔離政策を実行した。このような制限措置も歳月の経過とともに有名無実化し、特に人口過剰に悩む福建省からの密航は増え、緩慢ながらも台湾の農業開発は進んでいった。
>
> 清国政府の消極的な台湾統治を積極的な方向に転じさせる契機となったのは、1874年日本の台湾出兵であった。日本は1871年に起こった「牡丹社事件[8]」を利用し、琉球の日本領有確認と台湾進出をもくろんだ。結局、交渉の末、清国政府との間に「北京専約」が結ばれ、清国は琉球の日本帰属を認め高額の賠償金を支払うことで日本は台湾から撤兵した。この事件以降清国政府は台湾統治を見直し、従来の移民制限、封山令などを廃止し積極策へと改革に転じた。しかし、時すでに遅く1894年の日清戦争後、翌年1895年日清講和条約により台湾は日本に割譲された（伊藤潔、1993）。

212年間に及ぶ清国統治の台湾社会に与えた影響は、以下の3点である。

---

8 「牡丹社事件」とは琉球宮古島の住民が台湾南部に漂着した際に、54名が牡丹社（部落）の先住民に殺害された事件（伊藤潔、1993）。

① 先住民の漢化

　封山令にもかかわらず、移民者と先住民の通婚が行われた。先住民には平野に居住し農業を営む平地先住民と、山岳地帯に居住し狩猟を仕事とする山地先住民に分かれるが、ほとんどが平地先住民との通婚であった。生まれた子供は漢族系移住民と同じとされたことから漢字姓の住民は増えていった。また、清国政府は平地先住民に対して1695年学校教育を開始した。

② 行政制度の整備

　清国は統治の後半1886年以降、人口調査、土地調査、所有形態の明確化を行った。これは来たる日本統治においての調査事業の基礎となった。

③ 鉄道事業

　台湾で初めて鉄道が敷設された。当初の予定は北部基隆から南部台南に至るまでの計画であったが、資金不足もあり1893年に基隆から新竹まで100kmのみ建設された。

(5) 日本統治時代

　日清講和条約は1895年4月17日調印にされた。その後、実際に日本軍の台湾上陸が始まる5月29日までの間、台湾国内に独立の動きがあった。5月23日「台湾民主国独立宣言」が布告され、5月25日には独立式典が行われた。そしてアジア最初の共和国が誕生した。しかし、諸外国の承認を得られぬまま日本軍の進撃によりこのもくろみは泡と消えてしまった。このもくろみが失敗した最大の原因は、清国官僚を筆頭とした指導層の人選によるもので、結局、彼らは当初より逃げ腰であり、日本軍が上陸して間もなく中国本土に逃亡したのである。

　日本軍は台湾北部海岸澳低(おうてい)の港に上陸し、6月6日には北部の要衝基隆を占領、台北商人を代表した鹿港(ルーガン)出身の辜顕栄(こけんえい)[9]（1866年-1937年）が、日本軍のすみやかな台北入場を要請し自ら案内役を務めた。日本軍は6月7日台北に無血入場を果たし、6月9日には淡水を占領した。台湾北部の要地を制圧し6月17日には始政式を行い本格的な台湾統治が始まった。

　日本軍の台湾統治は予想外に大きな抵抗を受けず北部を制圧したが、6月

---

[9] 辜顕栄　中部鹿港の出身、日本統治時代の政商として対中国貿易で富を築いた。当時、「台湾における日本人の首都は台北（総統府）にあり、台湾人の首都は鹿港（辜顕栄一族）にあり」といった比喩が残されている。

19日からの中南部制圧には台湾人の強い抵抗にあった。結局、当時の日本陸軍の3分の1以上、海軍は連合艦隊の大半を動員し、4か月後の10月21日台南の無血入場を果たした。11月18日初代樺山資紀（かばやますけのり）（1837年-1922年）総督が大本営に対して台湾全島の「平定」を報告し

旧台湾総督府（現在も総督府として使用）

た。中南部のほうが北部よりも激しく抵抗したのは、中南部移民は北部移民に比べ移民の歴史が深く、すでに世代交代が起き、台湾が自分の生まれた土地という意識が強かったからである。

　日本政府は台湾を占領後、日清講和条約第5条に基づき、台湾住民に対して台湾にとどまり日本国籍を取得して日本国民となるか、所有財産を売却して台湾を去るかの国籍選択の自由を2年間の猶予を与えた。この5条は日本側が提案したもので、住民の抵抗をやわらげ占領後の統治を円滑平和裡に進めたい日本政府の思惑が背景にあった。

　台湾総督が全島平定を報告した後も、「土匪」（どひ）と称される土地に住み着いて害を及ぼす集団が全島にわたって頻発し、その制圧には困難を極めた。これらの抵抗活動がようやく終息するのは第4代総督児玉源太郎（1852年-1906年）が台湾を去る1906年ごろである。

　日本政府は台湾総督に、まさに台湾に君臨する「土皇帝」と呼ばれる巨大な権限を与えた。総督は台湾における行政長官であるとともに軍事長官でもあった。さらに「律令」といった日本国内法とは区別した立法権や司法権（裁判権）、財政権を掌握する権力を与えた。この状況は、日本に政党政治が実現し原敬（はらたかし）内閣のもとで文官総督が就任するまで続いた。

　このころ、台湾における日本統治の基礎づくりに大きな足跡を残した人物に、後藤新平（1857年-1929年）の名があげられる。後藤新平は1898年3月に第4代総督の児玉源太郎とともに民生局長（後の民生長官）として台湾に赴任した。児玉は台湾総督のみならずその後、陸軍大臣、内務大臣、文部大臣、満州軍参謀本部長などを兼務したため「留守総督」と呼ばれ、実質的には後藤が台湾統治を取り仕切った。後藤と児玉の結びつきは、児玉が陸軍中将・臨時陸軍

検疫部長のもとで後藤が事務官長を務めたときの縁である。また、台湾におけるアヘン吸飲の撲滅に関して後藤が「漸禁論」を唱え、それが政府に採用されたこともあり、アヘン問題が後藤と台湾を結びつけたのである。

台湾人のアヘン吸飲は、オランダ統治時代から続いており、台湾統治の武力抵抗の鎮圧とともに、もうひとつの大きな重要課題であった。1897年1月に「台湾阿片令」が布告され、アヘンの専売制度が設けられた。後藤新平のアヘン漸禁政策と専売制度は、①アヘン吸飲者の漸減を図る行政、②専売収入による財政、③各地の台湾人をアヘン仲買人や小売人に指定することで、抵抗する「土匪」対策に協力させる治安目的、とまさに一石二鳥ならぬ三鳥の効果をもたらした。このように後藤は台湾統治に関して、医者らしい「生物学的植民地経営」という持論を実践していった。とはいいつつも帝国主義時代の植民地経営であり、後藤は抵抗する「土匪」に対しては厳罰で処し、台湾全土に警察組織を充実させ鎮圧にあたった。後藤の就任から5年間に処刑された「土匪」は、32,000人と当時の台湾人口の1％を超えている。逆に懐柔策も行い、体面（面子）を気にする台湾人の気質をうまく利用し、協力する台湾人名望家や紳士には「紳章[10]」を授けた。

後藤は、その生物学的植民地経営の観点から三大調査事業を行っている。まず1898年から6年間、台湾土地調査事業を行い地租徴収の基礎を作った。1901年には台湾旧慣調査を実施し、台湾の土地取引、農工商の法慣習や基本となる清国法を調査した。1903年に実施した人口調査は台湾史上初めての本格的な人口調査で、当時の台湾の人口は約304万人であった。これらの調査事業は台湾統治を行ううえでの基礎となった。

調査事業を行うかたわら、各種インフラ整備も始まった。1897年4月「台湾銀行法」を布告、1899年7月に「台湾銀行」を設立9月開業した。従来の通貨「墨銀」（メキシコドル）から1904年には台湾銀行券を発行した。それまでイギリスや中国資本に支配されていた台湾物産の貿易金融の奪回に努めた。1901年に「台湾公共埤圳[11]規則」を布告し、農業振興のため水利灌漑事業を行った。台湾総督府土木局技師八田與一（1886年-1942年）による嘉南平野を潤した烏山頭ダム事業は、当時東洋一のダム建設事業であり、日本統治時

10　1896年「台湾紳章条規」により、資産や学識のある台湾人に与えられた記章、勲章。
11　「埤」とは貯水池、圳とは灌漑用河川。

代の「正の遺産」として現在台湾の教科書に紹介され高く評価されている。米の品種改良も行い新種の「蓬萊米」は日本に大量に輸出された。後藤は製糖業の育成にも努めた。1902年に「台湾製糖業奨励規則」を布告し、新渡戸稲造（1862年-1933年）を招聘し、製糖技術の近代化に努めた。港湾の整備、鉄道および通信網の充実、公衆衛生には「台湾医学校」を開校し医者を育成するとともに、各地に総督府立病院を建設した。ここにマラリアなどの風土病は台湾から一掃されたのである。

児玉総督は1906年6月2日に退任し、その1年足らず後、後藤新平も台湾を去った。その後は1895年から「前期武官総督時代」といわれ、日露戦争で功績をあげた明石元二郎第7代総督（1864年-1919年）まで軍部出身の総督が続き、この期間の総督の役目は抵抗する「土匪」の鎮圧と、植民地の基礎建築であった。

1919年10月には、初めての文官出身第8代総督田健次郎（1855年-1930年）が就任し、「文官総督時代」が始まり1936年まで続く。背景には明治維新以降初めて政党政治が発足した日本の国内事情に起因している。政友会を基礎とした原内閣は台湾総督府官制を改正した。それまで陸海軍大将または中将に限定する総督の任用資格を緩和し、文官の就任を可能にした。総督は行政を担当し、軍政と軍令は台湾軍司令官が統括するという政軍分割統治をはかり、台湾総督の立法権にも制限を加え日本の国内法を台湾にも適用する「内地延長主義」を唱えた。ここに従来の「土皇帝」の権力集中が終わることになった。

文官時代の統治目的は日本との「同化政策」である。同化政策のもと台湾の教育は著しく変貌し一層の充実がはかられ、日本と台湾の教育制度の一元化もはかられた。台湾の日本留学生も年々増加し1915年には300余名から1922年には3,000余名に激増している（伊藤潔、1993）。

教育の充実とともに台湾人の日本留学生を中心として、合法的な民主化運動が始まった。彼らの運動は台湾の独立といった過激な運動ではなく、あくまで台湾人の自治拡大、地位の向上であった。やがて半自治を獲得するため「台湾議会設置請願運動」が始まり、1934年から10年にわたり15回に及ぶ帝国議会への請願が展開された。この運動には日本のなかでも学者や議会人の協力があった。日本政府および台湾総督府は、この運動は究極的には台湾の独立を目指すことと考え警戒した。結局、台湾議会の設置は実現しなかった。

1931年9月満州事変が起こり、その後1937年盧溝橋事件によって日中戦

争が始まった。やがて 1941 年 12 月太平洋戦争が勃発し、日本は全面戦争に突入していった。日本植民地下の台湾も戦時下におかれ、戦時体制に対応するために、1936 年 9 月には武官出身の第 17 代台湾総督小林躋造（こばやしせいぞう）（1877年-1962年）が就任し、「後期武官総督時代」（期間 1936年-1945 年）が始まった。この時期の統治目的は「皇民化運動」と「工業化」であった。「皇民化」とは、先の文官総督時代に行われた「同化政策」のさらなる浸透であり、台湾人の日本人化による戦時体制への組込みであった。新聞の漢文欄の廃止、日本語の使用推進、寺や廟（びょう）の偶像崇拝の撤廃と神社参拝の強制などである。「工業化」とは、従来日本の台湾経営は宗主国「日本の工業」と植民地「台湾の農業」の役割分担を見直し、台湾を日本の南進植民地に対する兵站基地として軍需関連産業の育成にあたった。1937 年までの台湾工業は、農産物加工であったのが、日中戦争を機に驚くべき早さで鉄鋼、化学、紡績、金属、機械などの近代的な工業が育成された。1929 年には工業生産が農業生産を上回り、台湾は工業社会の窓口に到達した。戦後台湾の目覚ましい発展の基礎がここに築かれたのである。

　日本の戦線拡大に伴い台湾でも徴兵が始まった。先住民の約 1,800 余名の「高砂義勇隊[12]」が編成されている。戦局の悪化に伴い 1944 年台湾にも徴兵制が施行され 23,000 余名が徴収された。ちなみに戦争に駆り出された台湾人の合計は 207,183 名、戦死および病死者は 30,304 名となっている。これは 7 人に 1 人の高率であり、終戦時の台湾の総人口（約 600 万人）の 2 千人に 1 人が戦争の犠牲になったことになる（伊藤潔、1993）。これら台湾人犠牲者は、戦後日本国籍を失ったことを理由に何の補償も受けていない。1987 年 9 月に成立した議員立法「台湾住民である戦没者の遺族たちに対する弔慰金などに関する法律」で戦病死と重症者を対象に 1 人につき 200 万円の弔慰金が、日本政府から支払われただけであった。1945 年 8 月 15 日、日本は敗戦した。当時台湾に居留する日本人は軍人も含め 48 万余人であった。日本人の引き揚げは 1946 年 4 月 20 日に完了した。

　50 年間に及ぶ日本統治の台湾社会に与えた影響は以下の 4 点である。

① **公衆衛生**

　マラリアなど熱帯地域の風土病の撲滅や、オランダ時代からの悪習アヘ

12　先住民は平地に住む先住民（平埔族とも呼ぶ。）と高地に住む先住民に区別され、日本では高地先住民を高砂族と呼んだ。

ン吸飲の習慣を20年の歳月をかけて撤廃した。伝染病患者の隔離も行い蔓延を防ぐとともに、台湾医学学校を設立し医師の養成を行った。台湾府立の総合病院は各地に12か所整備された。

② **インフラの整備**

台湾の北部基隆と南部高雄港の築港、鉄道は清国時代の100kmから600kmに延伸され、台湾の動脈である基隆から高雄までの縦貫鉄道を完成させた。航空路線の開設、主要都市には水道が引かれ、一部には上下水道も整備された。ラジオ局は5か所、郵便局は223局、電話加入者は25,000人を超えた。水利灌漑事業では根治面積64万甲[13]から74万甲に増大した。米の生産は250万石から500万石に倍増、砂糖生産は3,041万キロから11倍の3億4,400万余キロへと増大した（伊藤潔、1993）。

③ **産業振興**

金融面では貨幣の統一や中央銀行である台湾銀行の設立、農業面では米の品種改良、製糖業の近代化をはかった。1937年以降は急速な工業化を行い、鉄鋼、造船、化学、紡績、金属、機械などの企業が続々と誕生した。

④ **教育の充実**

1944年の児童の就学率は92.5％と驚くべき高さである。台湾領有から33年後の1928年に初の帝国大学台湾大学が設立された。これは同じイギリスの植民地マラヤ（マレーシア・シンガポール）で大学が設立されるのに1世紀半かかったのと比べると雲泥の差がある。すでに台湾では化学分野でノーベル賞を李遠哲（りえんてつ）が1986年に受賞をしており、医学の分野においては世界の先進国と肩を並べる水準にある。

(6) 中国の蒋介石国民党統治時代

1945年9月2日、日本国全権が連合国に対する降伏文書に署名し、台湾は中国の蒋介石（しょうかいせき）（1887年-1975年）麾下の中国軍に占領された。このころ、中国ではすでに国共内戦が勃発しており、中国軍は実際のところ国民党軍であった。蒋介石は台湾を掌握するにあたり、陸軍大将の陳儀（ちんぎ）（1883年-1950年）を台湾省行政長官兼台湾省警備総司令官に任命し、1945年10月24日に派遣した。10月25日、台北公会堂（現在の台北市中山堂）にて「中国戦区台湾地区降伏

---

13 鄭成功時代からの面積単位。1甲は9,700平方メートル。

式」が行われた。これ以降、10月25日は「光復節」として国民の祝日になっている。

　日本の降伏を受け、国民党政権はただちに日本の公営企業とその資産の接収を始めた。ただ、その接収の過程において官僚の着服が横行した。法治国家の市民に成長していた台湾人には、国民党政権官吏の目にあまる公私混同と腐敗ぶりに、失望と軽蔑が芽生えた。当時の台湾人は「犬（日本人）が去って豚（中国人）が来た[14]」といって嘆き、不満が鬱積していた。戦後着服した日本政府の接収資産によって、今日でも台湾の国民党は世界でもっとも裕福な政党と揶揄されている。台湾民主化後2016年に誕生した蔡英文（さいえいぶん）（1956-現在）民主進歩党政権において、戦後不正に国民党が取得した資産の返還を求める法案が可決され、解決の糸口が開かれようとしている。台湾の戦後処理はいまだ終わってはいないのである。

　国民党政権は占領後、日本との関係を断ち中国との関係を深めようとした。しかし、当時の中国経済は国共内戦によって崩壊寸前の状況にあり、その影響は台湾にも波及した。台湾経済は急激なハイパーインフレに陥り、30万人以上の失業者が巷にあふれた。

　1947年2月28日、戦後台湾におけるもっとも悲劇的な白色テロ[15]事件「二・二八事件」が起こる。台湾全土を巻き込んだ民主化要求運動に対し、陳儀行政長官率いる国民党政権が1か月余りの間に約28,000人（その後の国民党政権の発表）の無差別殺人を行った。特に教授、弁護士、医者、作家など日本教育を受けた知識人を対象にした。逮捕され有罪になった人数を含めると調べようもない。この事件を契機に、台湾人社会のなかで外省人（国民党とその家族）と本省人（先住漢族移民者）の間に長い亀裂を生むことになる。民主化後の現在、2月28日は台湾では「和平記念日」と

二・二八事件の記念碑

14　「犬（日本人）はうるさいが番犬に役に立つ、豚（中国人）は貪欲で汚い」の意味。
15　「白色テロ」とは権力側による反政府勢力に対する暴力的行動をいう。

して祝日になり追悼集会が催されている。

　やがて中国の国共内戦は国民党の形成不利が顕著となり、蒋介石国民党政権は台湾の移転に向け準備を開始した。1947年5月1日、以後40年に及ぶ長い戒厳令を敷いた。蒋介石自身は1949年台湾に入り、国民党総裁として党を国家の上に位置づける二重統治による独裁体制を敷いた。その後、一貫して中国共産党政権の「中華人民共和国」を認めず、「中華民国」こそ「唯一の中国」、国民党政権こそ「中国の正当政府」であることに固持した。この幻想に満ちた矛盾が、現在国際社会で「一つの中国」問題として台湾の立場を困難に陥れている。

　国民党政権を救ったのは1950年6月勃発した朝鮮戦争である。当時のアメリカは台湾の国民党政権を見限る寸前、朝鮮戦争が始まり方針を転換、日本と同様共産主義の防波堤として軍事援助の再開と経済支援を始めた。

　その後、台湾は中国と関係を断絶、幣制改革（デノミネーション）を行い、ハイパーインフレを抑えた。1951年には土地改革を行い経済の安定をはかった。国民党政権の中国に対する危機意識は台湾の経済発展を促し、日本統治時代の「産業遺産」や「日米の経済援助」「外資の導入」「中国の文化大革命による混乱」を背景に、「奇跡」と呼ばれる経済発展を成し遂げる。

　43年間に及ぶ蒋介石氏国民党統治の台湾社会に与えた影響は、以下の3点である。

　① **外省人と本省人の亀裂**
　　「二・二八事件」に代表される国民党の暴力的圧政は、その後長く台湾人社会に外省人と本省人の亀裂を生むことになった。
　② **「一つの中国」の矛盾**
　　蒋氏国民党が掲げる「一つの中国」政策は、現在でも台湾を国際社会のなかで「国であって国でない」という矛盾を生み出した原因となった。
　③ **奇跡の経済発展**
　　土地改革、デノミネーションなど経済改革を行い、すでに日本統治時代後期に工業化への近代産業基盤が整っていたこともあって、飛躍的な経済発展を遂げた。

(7)　民主化時代

1971年7月、リチャード・ニクソン第37代アメリカ合衆国大統領の訪中発

表の3か月後、台湾は国際連合を脱退した。続く1972年9月、日本と断交し、国際社会から孤立していった。1979年1月、アメリカとも断交したが、アメリカ政府は国内法「台湾関係法」を制定し実質的な関係を維持した。日台関係では、台湾に「台湾交流協会（現・日本台湾交流協会）」、日本には「亜東関係協会（現・台湾日本亜東関係協会）」を設置しアメリカ同様に関係を維持している。

新たに制定されたアメリカの「台湾関係法」は、当時の国民党に対し厳しい民主化要求を突きつけている。アメリカの台湾に対する戒厳令解除の要求は高まった。1986年9月28日、非合法であるが戦後初めての野党「民主進歩党」が結成された。戒厳令下にも関わらず国民党がこの動きを黙認したのはアメリカの強い要求が背景にあった。内外の民主化運動とアメリカの圧力の下、ついに世界史上もっとも長いといわれた戒厳令が解除された。蒋介石の後を継いだ息子蒋経国（しょうけいこく）（1910年-1988年）は戒厳令が解除される直前、本省人長老を総督府に招き、「私は台湾に住んで40年、すでに台湾人です。中国人でもあります。」といった有名な言葉を残している。

1988年1月13日、蒋経国総統・国民党主席が突然亡くなった。憲法の規定に従い、副総統李登輝（りとうき）（1923年-現在）が総統に昇格した。これは台湾史上初めての本省人出身の国家元首の誕生であった。やがて7月に党員代表委員会にて国民党主席の地位についた。ただ、政府・党の最高権力者の地位についても、李登輝が実質的に権力を掌握するまで4年かかった。李登輝は蒋経国が必ずしも後継として選んだ人物ではない。日本統治時代に教育を受け、京都帝国大学在学、戦後台湾大学に復学、アメリカで農学修士・博士号を取った学者である。蒋経国に見いだされ、政治の道を歩み副総統に上り詰めたが、野心家タイプではないこともあり、アメリカの民主化要求、本省人の不満を和らげる象徴の意味での就任であった。

だが、李登輝は粘り強く旧来の国民党外省人長老たちの権力を奪い掌握した。1992年には台湾史上初めての選挙を行い、野党民主進歩党が立法院[16]の議席を得る政党政治の総仕上げを行った。李登輝の施政は2000年まで続いた。教育に関しては1996年に、教科書「認識台湾[17]」が発行され、1997年から2001

16　国会の意味。
17　その後2001年民主進歩党陳水扁政権下の教育改革「九年一貫教育」によって消滅した。

年まで台湾の中学校において使用された。従来の「中国史教育」から「国史（台湾史）」に重点がおかれ、そのなかでも日本統治時代が3分の1を占め、日本統治時代の客観的事実が肯定的に記述された。

李登輝国民党政権後、2000年に総統選挙で初めて台湾野党である民主進歩党政権が誕生した。初代民主進歩党出身総統である陳水扁（ちんすいへん）（1950年-現在）の施政は2000年から2008年まで続いたが、政権運営の不慣れや立法院は国民党が多数を占めていたことから、政策の実績をあげられなかった。

2008年国民党が8年ぶりに政権を奪還し馬英九（ばえいきゅう）（1950年-現在）総統が誕生した。1期目の4年間は中国と「経済協力枠組み協定（ECFA）」を結ぶなど、2010年のGDP（国内総生産）は10％を超え順調に推移した。2期目に入って経済成長が鈍くなり、国民の中国資本流入に対する警戒心や不満が重なって国民党の支持は急速に失われていった。2016年、馬英九は任期満了で退陣した。

2016年5月20日、再び民主進歩党蔡英文政権が誕生した。陳水扁政権と違い、政府、立法院ともに民主進歩党が多数を構成した。

民主化後の台湾経済は、「アジアNIES（新興工業経済地域）」の旗手と呼ばれ、「奇跡」と呼ばれる経済成長を成し遂げた。その成功の第一の要因は日本から受け継いだ「産業遺産」がある。日本植民地下の末期に台湾はすでに工業近代化の入り口に立っていた。第二はアメリカの援助と日本からの借款供与がある。アメリカは1951年から1965年までの15年間、毎年約1億ドルの援助を行い、1965年終了時には日本から約1億5,000万ドルの円借款供与を受けている。第三は国民党政権による経済重視策である。対岸の中国からの脅威に対して経済成長を急ぐ必要があり、「加工輸出区」などの関税の優遇措置、1972年に大規模インフラ整備のための「十大建設」、外資の導入など積極的に行った（伊藤潔、1933）。結果、台湾経済の推移をみると1960年代から1980年代の年間平均成長率は1960年代9.2％、1970年代10.3％、1980年代8.3％と30年間8％強を維持した（伊藤潔、1993）。

民主化後の約30年台湾社会に与えた影響は以下の4点である。

① 民主化が社会的に混乱なく進んだ

台湾の無血革命と呼べる民主化が行われたことは驚嘆に値する。戦後約40年を経て外省人と本省人の同化といった社会的背景、アメリカの強い要求があった政治的背景、李登輝総統の粘り強いパーソナリティー要素があわさって成功した。

② **日本統治時代の再評価**
　教科書「認識台湾」が生まれ、歴史教育において日本統治時代の再評価が始まった。
③ **政権交代**
　2000年以降には政権交代が起こり、民主政治が完全に定着した。
④ **経済の近代化**
　1950年以降30年間にわたり約8％強の経済成長を成し遂げ、近代化によって先進国の仲間入りを果たしている。

2-3　歴史的背景に見る親日意識

　400年間に及ぶ歴史を俯瞰すると、台湾は先住民を除きその人口の大半が中国南部沿岸地方からの移民で構成された地域である。1988年初の本省人（先住漢族移民者）政権が誕生するまで、外来政権による支配と収奪が行われた。確かに中国系移民の多い台湾は、文化圏的に中国の一部であるが、歴史的に明国、清国政権は台湾統治に消極的で「化外の地」としてその権力の及ばない地域であると表明している。台湾の移民者は、その数世代にわたる時を経て土着化し、台湾を自分の故郷と思うようになった。
　現在は先住民と初期移民者である本省人、後期移民者の外省人、それぞれ相互の通婚によって同化が進んでいる。やがて、「中国人」というより「台湾人」としての意識が芽生えるのは当然の帰結である。地域としての台湾を取り上げる場合、その長い歳月で芽生えた、中国、香港とは違った独自のメンタリティーを理解し、台湾人目線に立った分析が必要である。
　台湾は「親日国」といわれているが、それは50年に及ぶ日本統治時代の「遺産」と結論づけるのは早計である。日本統治も本質的には「植民地経営」による収奪であり、特に末期の工業化は太平洋戦争を戦うために必要に迫られて行った政策であり、必ずしも台湾のためではない。結果的に日本が終戦を迎え築き上げた産業インフラが「遺産」として残った。
　ただし、「教育」については台湾人に残した最大の「遺産」といえる。台湾の日本語教育世代の人びとにとって、「親日意識」が高いのは当時の日本人教師の熱意や、日本統治が「法の支配」に則り行われたことである。それに比べ、「二・二八事件」を例に戦後の蒋氏国民党政権における弾圧は、同じ外来政権

による統治でも日本のほうがましだといった印象であることは否めない。

　この歴史的背景を見ると、台湾史における「親日」意識とは、他外来政権との比較優位、李登輝政権という歴史上の偶然が民主化教育を進め、日本統治が肯定的評価を得たことが大きな原因であるということである。

　現在の台湾は、日本統治時代の人びとが齢80歳を超え、民主化後の世代は30代に入っている。次章からいよいよ訪日旅行について研究を進めていく。まず、旅行業研究を進めるうえで、その背後における観光行政を知っておく必要がある。第3章では台湾における観光行政の基本的な仕組みを詳しく考察する。

第3章　台湾の観光行政

　第二次世界大戦後、台湾が近代化の歩みを進めるなかで、観光産業の発展のために台湾政府は観光政策・行政・法規の整備を進めた。また、それを実行に移す機関として観光組織を設立した。では、台湾観光産業における政府の観光政策・行政・法規に関し、基本的知識の整理と沿革および実行に移す観光組織がどのような機能を担っているのかを解説する。

3-1　台湾の観光政策・行政・法規

（1）　観光政策・行政・法規の定義

①　観光政策（Tourism Policy）

　台湾における観光政策は、日本と同様「社会的課題の解決」である。政策課題の環境分析、問題分析、計画立案、法制化、実行、評価といったPDCAサイクルを行うことが成熟した政策サークルとして定義されている。

②　観光行政（Tourism Administration）

　台湾の観光行政は日本と違い「公務の推進実行」と定義されている。日本の「行政」は「政策」業務が含まれる意味合いもある。台湾では明確に「政策」と「行政」は区別され、「行政」は国民のためのサービスを「執行」することをいう。

③　観光法規（Tourism Law）

　台湾の「法規」とは「法律と行政規章の総称」をいい、「行政規章」とは「規章、行政命令」をいう。「法規」には優先順位があり、「中央法規標準法」第11条によって、「憲法」→「法律」→「命令」の順番になっている。「憲法」が定める法律は立法院が決め総統が公布する。「法令」には4つあり「法」「律」「条例」「通則」と命名される。「命令」とは通常「行政命令」を指し、その性質によって「規程」「規則」「細則」「辨法」「綱要」「標準」「準則」の7つが定められている。

(2) 発展観光条例

「発展観光条例」は日本における「観光立国推進基本法」と同様な法律である。1961年に制定公布以来、台湾観光産業を牽引してきた。その後、改定を繰り返し、2011年修正公布された第1条により、条例の趣旨は「観光産業の発展、中華文化の宣伝、台湾特有の自然や人文景色の永続的経営、国際親善、国民の心身、国内の経済発展」とされている。現在、本条例は全部で5章73条あり、各章のポイントは以下のとおりである。

> 第一章　総則：第1条から第6条。本条例の趣旨、名詞定義、主管機関、国際宣伝、観光マーケティング調査、資料収集などの共同規定。
> 第二章　計画建設：第7条から第20条。観光産業総合開発計画、風景特定地区計画、自然人文生態景色地区などの建設計画事項。
> 第三章　経営管理：第21条から第43条。観光旅館業、旅館業、旅行業、観光遊楽業。民宿経営：ガイド、添乗員、経理人などの資格や旅行消費者の利益保証事項
> 第四章　賞罰：第44条から第65条。すべての観光産業と外国業者、旅行者等の賞罰事項。第51条は、「優良観光産業及びその従業員に賞を授与する規則」が制定され、第67条は「発展観光条例制裁標準」が制定されている。
> 第五章　附則：第66条から第71条。本条例で制定した命令、実施日の法律効力事項。

(3) 専門用語の定義

「発展観光条例」第2条で以下のとおり定義されている。

> 1. 観光産業：観光資源の開発、建設、維持。観光施設の建設、改善。観光客のために食、宿泊の便利なサービスの提供。各種の国際会議、展示を行う。以上のことにかかわる旅行サービス産業。
> 2. 観光旅客：観光旅行活動をする人。
> 3. 観光地区：中央主管機関[19]が各目的事業主管機関に同意を得た、風景特定

19　交通部観光局を指す。

区以外の観光が遊覧できる風景、名勝、遺跡、博物館、展覧場所などに指定されたところ。
4. 風景特定区：規定により定められた風景や名勝。
5. 自然人文生態景観区：人の力によって作られない自然景色、保護されるべき動物や植物環境、重要遺産などの特殊自然人文景色などをいう。原住民保留地、山地管制地区、野生動物保護地区、水産資源保育地区、自然保留地区、国家公園内の史跡保存地区、特別景色地区、生態保護地区などが含まれる。
6. 観光遊楽施設：風景特定区や観光地区で観光客に遊楽を提供する施設。
7. 観光旅館業：国際観光旅館や一般観光旅館を経営し、旅行客に宿泊などのサービスを提供する営利事業。
8. 旅館業：観光旅館業以外で、旅行客に宿泊、休憩、その他中央主管機関が認定した業務を提供する営利事業。
9. 民宿：自宅の空いている部屋を利用し、当地の人文、自然景色、生態、環境資源、農林水産などと融合し、家庭副業的に経営し旅行客に田舎生活の宿泊所を提供する。
10. 旅行業：中央主管機関が許可した、旅行客に旅行スケジュール、宿泊、食事、ガイド、添乗員の提供、交通チケットの販売、ビザの代行申請などのサービスを提供することによって報酬を得る営利事業。
11. 観光遊楽業：主管機関が許可した観光遊楽施設経営の営利事業。
12. 導遊人員：台湾に来訪した観光旅行客のガイドを称し、その報酬を得る人。
13. 領隊人員：海外団体旅行客に付き添う添乗員を称し、その報酬を得る人。
14. 専業導覧人員：国内特有の自然生態や人文景色資源を保存、維持、解説するために、各目的事業主管機関が自然人文生態景色区に設置された専門人員。

3-2　戦後観光政策、行政、法規の沿革

　台湾の観光政策、行政、法規は、第二次世界大戦後1951年から10年周期で導入期、成長期、転換期、旺盛期、再造期、倍増期の6つの時期に分かれる。各時期における訪日観光に影響を与えたトピックスは以下のとおりである。

1. 導入期（1951年-1960年）政策と法規の整備時期
   観光政策：1957年1月「台湾省観光事業発展3カ年計画概要」成立
   観光行政：1958年4月「アジア太平洋旅行協会（PATA）」加盟
   　　　　　1959年7月日本航空が台北松山空港＝羽田路線開設
   観光法規：1953年7月政府が「旅行業管理規則」を公布
2. 成長期（1961年-1970年）日本万国博覧会の影響
   観光政策：特になし
   観光行政：1970年3月日本万国博覧会関連旅客を招聘。
   　　　　　外国人旅行者入国規制緩和
   観光法規：1970年2月日本万国博覧会期間中「旅行客観光出入国臨時規則」
   　　　　　制定
3. 転換期（1971年-1980年）海外旅行の自由化
   観光政策：1979年1月国民の海外旅行自由化
   観光行政：「海外観光のための出国申請規則」公布
   観光法規：同上
4. 旺盛期（1981年-1990年）旅行博覧会の開催
   観光政策：特になし
   観光行政：1987年12月第一回台北国際旅行博覧会開催
   観光法規：特になし
5. 再造期（1991年-2000年）ビザ免除の導入
   観光政策：1999年5月交通部[20]が「国内外旅行契約記載事項規則」を公布
   観光行政：1995年日本など12か国に対し入国14日未満のビザ免除
   　　　　　2000年5月旅券基本有効期限が6年から10年に延長
   観光法規：特になし
6. 倍増期（2001年-2010年）ビザ免除の拡充と航空自由化
   観光政策：2003年5月外国人ビザ免除期間を14日間から30日間に延長
   観光行政：2009年3月静岡にて日台観光サミット開催、両国の交流観光
   　　　　　客数の目標を300万人。
   　　　　　2010年10月台北松山＝羽田便の運航再開

20　日本の国土交通省にあたる組織。

3-3 観光組織

台湾の観光組織は機能として行政組織と団体組織に分かれる。さらに、組織の階級によって中央組織と地方組織に分かれる。ここでは特に訪日観光に影響を与える中央観光行政組織（図3-1）にスポットを当て解説する。

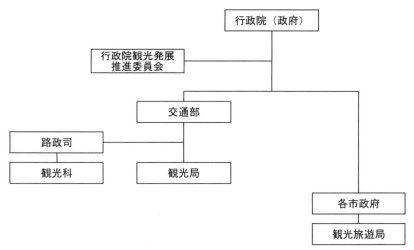

図3-1 台湾観光行政体系図
出典：中華民国交通部観光局より作成

(1) 行政院観光発展推進委員会

政府は1996年11月に「行政院観光発展推進委員会設置要綱」を交付し、当委員会を設立した。その主たる目的は以下のとおりである。

```
1. 観光発展プランの審議、協調、監査。
2. 観光資源の統合と管理の協調。
3. 観光スポットの開発、公共施設の改善、民間投資の推進。
4. 国内旅行の品質を上げること。国民によい旅行習慣を養う。
5. 国際向け観光宣伝に力を入れる。外国人観光客を台湾観光に招く。
6. その他観光事業発展に関する協調処理。
```

(2) 交通部

交通部は台湾における観光主管機関である。日本でいう国土交通省にあたる。観光政策の責任を負い、観光政策の審査、分析を行う「観光科」を置いている。

(3) 交通部観光局

交通部観光局は、交通部の実質的な観光発展産業の推進を行う組織として1972年12月に設置された。交通部は政策を担当し、交通部観光局は行政を担当する。交通部観光局の組織の構成（図3-2）と具体的な業務内容は以下のとおりである。

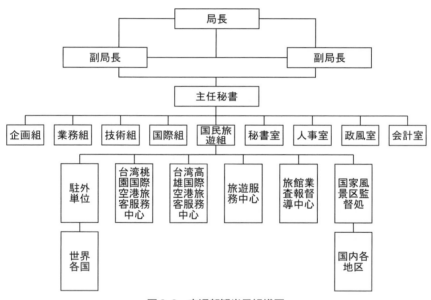

図3-2　交通部観光局組織図

出典：中華民国交通部観光局より作成

1. 観光事業の企画、サポート、推進事項。
2. 国民と外国旅行客が国内旅行をする際のサポート事項。
3. 民間観光事業投資のサポートと奨励事項。
4. 観光旅館、旅行業とガイド免許の発行と管理事項。

5. 観光従業員の育成、訓練、監督、試験関連事項。
6. 自然と文化観光資源の調査および企画事項。
7. 観光地区名勝、遺跡の保持、風景特定区の開発管理事項。
8. 観光旅館設備の審査事項。
9. 地方観光事業と観光サークルのサポート、観光環境の改善監督事項。
10. 国際観光組織と国際観光合作計画の連絡と推進事項。
11. 観光マーケティングの調査および研究事項。
12. 国内外観光宣伝事項。
13. その他観光関連事項。

また、交通部観光局の各組織の機能と役割は以下のとおりとなっている。

① **企画組**[21]
1. 各観光計画の企画と執行の管理研究発展と管理考察審査事務の推進。
2. 年度計画の作成、整理、編集、検討、報告事項。
3. 観光事業法規の策定、整理、編集事項。
4. 観光マーケティングの調査分析と研究事項。
5. 観光旅客資料の収集、統計、分析、編集および資料出版事項。
6. 観光局システムハードウェアの設置、システム開発、セキュリティ、ウェブサイト更新およびメンテナンス事項。
7. 観光書籍とインフォメーションの収集、購入、編集、出版、交換、蔵書事項。
8. その他観光産業についての企画事項。

② **業務組**
1. 観光旅館業、旅行業、ガイドおよび添乗員の管理サポート事項。
2. 観光旅館業、旅行業、ガイドおよび添乗員の免許発行事項。
3. 国際観光旅館および一般観光旅館の建設、設備標準審査事項。
4. 観光事業従業員の教育、選出、訓練事項。
5. 観光事業従業員訓練に関する書籍出版事項。
6. 観光旅館業、旅行業が外国人専門、技術スタッフを雇用する際の審査許可事項。
7. 観光旅館業、旅行業の調査収集と分析事項。
8. 観光法人団体のサポートと推進事項。

---

21 「組」とは組織名称。部、課の意味。

9. その他観光業務事項。

③ **技術組**
1. 観光資源の調査と企画事項。
2. 観光地区名勝遺跡の維持、保護事項。
3. 風景特定区の設立に関する審査事項、観光地区の指定事項。
4. 風景特定区の企画、建設、経営、管理事項。
5. 観光地区の企画、建設、経営、管理に関するサポート、公共施設の建設事項。
6. 地方風景区公共施設の建設事項。
7. 国家級風景特定区に民間投資の推進関連事項（奨励など）
8. 自然生態人文景色地区の決定と専門ガイド資格および管理事項。
9. 希少野生動物資源調査と保育事項。
10. その他観光産業技術事項。

④ **国際組**
1. 国際観光組織、会議、展示の参加および連絡事項。
2. 国際会議と展示の推進事項。
3. 国際観光機関の人員、旅行記者、旅行業者などの招待事項。
4. 観光局駐外機関[22]との業務連絡事項。
5. 国際観光宣伝事項。
6. 民間組織や営利事業が国際観光宣伝を推進する際のサポート事項。
7. 国際観光宣伝資料の設計、印刷、配布。
8. その他国際観光関連事項。

⑤ **国民旅遊組**
1. 観光遊楽施設建設企画の審査、免許の許可事項。
2. 海水浴場建設申請の許可事項。
3. 観光遊楽業の経営管理とサポート事項。
4. 海水浴場の経営管理とサポート事項。
5. 観光地区の交通改善事項。
6. 国民旅行活動の企画、マーケティング、奨励事項。
7. 地方の民族イベント開催のサポート事項。
8. 国民旅行インフォメーションの提供と宣伝事項。
9. その他国民旅遊業務事項

---

22 海外組織の意味。

⑥ 旅館業査報督導中心 [23]
1. 地方観光単位旅館業に関する管理の監査事項。
2. 地方観光単位をサポートし、不法旅館業の取り締まりをする。
3. 旅館業資料の収集とパソコン入力管理。
4. 旅館業従業員の訓練、監督、試験関係などをサポートする。
5. その他旅館業査報督導関連事項。

⑦ 旅遊服務中心 [24]（台中、台南、高雄服務處含む）
1. 国民に海外情勢がわかるようサポートする。
2. ツアー団体が海外で突発状況にあったときの対応についてサポートする。
3. 旅行会社の出国前説明会をサポートする。
4. 出国する国民に海外でのあるべきマナーを教える。
5. 旅行会社や出国する国民に海外で台湾を宣伝する資料を提供する。
6. 国内外の旅行資料の収集と提供。

⑧ 台湾桃園および高雄国際空港旅客服務中心
1. 入国や出国の手続きのサポート。
2. 旅行資料の提供と旅行に関する問い合わせの対応。
3. ホテルや交通機関の予約の代行。
4. 旅客が知人に連絡が取れるようサポートする。
5. 旅客に電話やメールのサービスの提供をする。
6. 国際会議に参加するため来台する方々の対応のサポート。
7. 身体障害者、妊婦、乳幼児連れ、高齢者などのサポート。
8. 各種旅行手続きのサポート。
9. 旅客サービスに関する業務。

⑨ 国家風景区管理處
東北角及宜蘭海岸国家風景管理処、東部海岸国家風景管理処、澎湖国家風景管理処、大鵬灣国家風景管理処、花東縦谷国家風景管理処、馬祖国家風景管理処、日月潭国家風景管理処、參山国家風景管理処、阿里山国家風景管理処、茂林国家風景管理処、北海岸及觀音山国家風景管理処、雲嘉南濱海及西拉雅国家風景管理処、がある。

⑩ 駐外単位 [25]
1. 所轄内の宣伝活動を行う。

---

[23] 旅館・ホテルサービス監査、監督センターの意味。
[24] 旅行サービスセンターのこと。「服務」とはサービスの意味。
[25] 海外支店の意味。

2. 地区観光組織、会議、宣伝活動の参加。
3. 海外現地観光マーケット資料の分析、収集。
4. 海外現地の重要な旅行記者、作家、業者などの連絡とサポート。
5. 台湾旅行に関する問い合わせの対応と観光資料の提供。

3-4　台湾行政の取組みの成果

　台湾の観光行政の基本となる観光法規や観光組織の整備が、戦後台湾の近代的ツーリズムの基礎となっている。台湾の政府観光政策は、その行政の中身や政策を調べていくと、おもに国内観光とインバウンドを基本にしている。アウトバウンドに関係する組織は、交通部観光局内「業務組」であるが、著者も業務組を訪れ、アウトバウンド旅行会社に関する資料がないか確認したところ、出国統計、各種免許種別旅行会社数以外の統計資料はほとんどなかった。

　観光行政に関しては、大阪万博などに呼応した外国人観光客に対する規制緩和など、戦後日本の発展が影響を与えている。政府観光組織のあり方は、日本の行政組織と似ているが、日本における観光局（JNTO）は、独立行政法人化されているのに対して、台湾は政府直轄組織として運営されているのが特徴である。

　それでは、台湾の観光政策の実務プレーヤーである旅行業はどのような発展をしたのか、その発展の沿革や仕組みを詳しく説明する。

第4章　台湾の旅行業

今日の台湾観光産業において、実務プレーヤーの主体である旅行業が果たした役割は極めて大きい。台湾における旅行業発展の変遷をたどるとともに、その基本的な法規や仕組みを考察する。

4-1　台湾の旅行業の沿革

台湾の旅行業発展の歴史は、日本統治時代を含め戦後の近代的旅行業発展まで9つの時期に分かれる。戦前の黎明期から戦後1956年の観光元年を分水嶺とし、萌芽期、開創期、成長期、拡張期、統合期、チャネル期、再構築期、革新期に分かれる（表4-1）。

表4-1　台湾旅行業の変遷（1923年～現在）

時代	時期	期間	特徴
日本統治	黎明期	1923～1945	上海商業儲蓄銀行が台北に旅行部を設置したのが、台湾における旅行業の始まり。その後日本政府台湾鉄道局主導で東亜交通公社台湾支店が設立。台湾における初の専業旅行社となる。
戦後	萌芽期	1956～1970	政府の経済政策に従い観光業の発展による外貨獲得、台湾を訪れる観光客を市場の主要目標としていた。
戦後	開創期	1971～1978	接待旅行の黄金期、悪質な競争がサービス品質の低下を招き、旅行業の発展が一時停滞した。
戦後	成長期	1979～1987	政府による海外旅行自由化、台湾人の中国への親族訪問が許可され、海外旅行に追い風が吹いた。
戦後	拡張期	1988～1992	旅行業認可の解禁、海外旅行パッケージの日進月歩、市場発展の基礎固め。
戦後	統合期	1992～1996	経営環境の急速な変革、経営者の管理知識の吸収、会社の競争力の向上。
戦後	チャネル期	1997～2000	インターネットとEビジネスの発展が、旅行業の伝統的商法に挑戦をもたらし、「E化」が旅行業の主要革新議題となった。
戦後	再構築期	2001～2005	社会、政治、経済、テクノロジーが継続的に進歩し、観光倍増計画の促進により来台観光客が急増した。国内旅行業務（インバウンド）の能力を高めるかが重要課題となる。
戦後	革新期	2006～現在	旅行市場が明確に位置づけられ、ニッチ市場が生まれ、旅行業の「大」「小」がともに繁栄する革新的トレンドが生まれている。

出典：旅行業実務経営学（容継業、2008）をもとに作成

4-2　日本統治時代の旅行業

(1)　黎明期（清国旅行業の台湾進出）

1923年8月、上海商業儲蓄銀行は初めて台北に旅行部を設立し、台湾旅行業の先駆けとなった。設立当初は、銀行員が国内の各地に赴いて銀行業務処理に必要な交通、食事、宿泊、接待の手配のみに限られていた。その後旅行業務の手配で多くを経験し、銀行顧客の要求に対応し徐々に対外サービスを始めた。続いて鉄道沿線と長江[26]沿岸主要港に11の事務所が設立され、1927年6月1日、中国で中国旅行社を設立した。1943年2月中国旅行社は、台湾に支店を設立し、「台湾中国旅行社」と命名された。初期は台湾と上海、香港間の船便の切符手配業務を主とし、台湾経済の発展とともに旅行業としてのビジネスモデルを初めて構築した。社会にサービスを提供し旅行を便利にするという同社の経営主旨により、台湾における旅行業の創始者となり、最古の旅行社として現在も続いている（容継業、1996）。

(2)　黎明期（日本旅行業の台湾進出）

日本統治時代、日本の旅行業は鉄道局の管轄で「日本旅行協会[27]」が舵をとっていた。台湾の業務は台湾鉄道局旅客部が代行した。その業務は急速に拡大し、1935年「台湾百貨社」、1937年台南市、高雄市のデパートにサービスカウンターを設置した。その後日本旅行協会は「東亜交通公社[28]」と改名、正式に「東亜交通公社台湾支店」が設立され、台湾地区初の専業旅行業者となった。チケットの予約、購入、旅行手配を行い、鉄道、

観光を楽しむツアー客

26　揚子江の意味。
27　1912年鉄道院が中心となり設立した「ジャパン・ツーリスト・ビューロー」のこと。
28　日本では戦後に財団法人日本交通公社に改称。

レストラン、ホテル、食堂車などの業務も営んだ。この会社は終戦後1945年、蒋氏国民党政府が資産を接収し、台湾旅行社と改名して業務を引き継いだ（容継業、1996）。

4-3 戦後の旅行業

(1) 萌芽期

　萌芽期の旅行業は、政府の経済政策による外貨獲得を目的としたもので、台湾を訪れる観光客を市場の主要目標としていた。1956年は今日の台湾観光業発展に重要な年であり、政府と民間の観光関連機関が続々と設立され積極的に観光旅行事業が推進された。

　1957年には亜美、亜洲、欧美といった旅行会社が相次いで設立され、1959年に台新旅行社が誕生した。1960年5月台湾旅行社の民営化が認可され、民間の観光事業への投資意欲が高まった。1961年4月台湾旅行社・李有福氏が新たに東南旅行社を設立した。この時台湾には、遠東、亜美、亜洲、欧美、東南、中国、台湾、欧亜、台新と計9社が存在した。

　政府の政策である観光発展を強力に推奨するというビジョンの下、各種関連法令が緩和され1953年10月27日「旅行業管理規則」が発布された。その後、幾度の修正を経て1969年7月30日、「発展観光条例」が施行され旅行業管理の法的根拠がもたらされた。

　当時の台湾は物価が安く、治安もよかった。1964年、日本の海外旅行自由化が解禁され、台湾に新たな旅行会社が続々と誕生し、1966年時点で50社となった。1969年4月10日、旅行業者が中山堂[29]に集まり台北市旅行同業組合が成立した。当初の会員数は55社であった。この時期の旅行業務は来台観光客に対する接待が中心であった。経営は接待旅行に完全に依存し、日本・欧米地区・海外華僑観光客がおもな顧客グループとして形成され、台湾旅行業のインバウンド観光客サービス業務の初期段階が確立された（容継業、2008）。

29　「中山堂」は日本統治時代1936年11月26日に建設された「台北公会堂」のこと。

(2) 開創期

　接待旅行の黄金期には悪質な競争がサービス品質の低下を招き、一時期旅行業発展の阻害要因となった。1971年には台湾全土の旅行業者は160社へと発展し、来台観光人口は50万人を超えた。このため、政府は効果的な観光旅行事業の管理のために同年「台湾省観光事業委員会」を「観光局」に改め、交通部の所属とした。1972年12月29日、観光局が正式に設立された。1972年以降台湾の旅行社数は急激に拡大し、1976年には355社に増え5年で2.2倍成長した。しかし、旅行業者が不法に海外旅行を手配するという問題が発生し、1973年3月1日から1974年3月1日の1年間、旅行会社の新設受理が停止された。当時、甲種旅行社[30]は151社、乙種旅行社[31]は16社であった。解禁された2年後の1976年、旅行会社が接待コースにおいて来台観光客に売春を手配するといった問題が発生した。交通部は旅行業を整理し台湾の観光事業を浄化するため、2回目の新設・譲渡受理停止を1976年12月9日から1977年12月9日の1年間行い旅行業管理規則の修正に着手した。

　1978年はひとつの転換点といえる。当時、旅行社は337社あり、急激な成長により過度に増加した。旅行業者間の悪質な競争を招き、旅行品質に影響を及ぼした。多くの旅行関連の紛争が生まれ、台湾のイメージが破壊されていた。政府は甲種旅行社の設立申請方法の一時停止を宣言することを決定した。これは1988年まで継続され、その後旅行社の設立申請が再度解禁された。旅行業者の申請の一時停止は、時代の要請や需要があったものの、旅行業者の発展に一部マイナスの影響をもたらした。（容継業、2008）。

(3) 成長期

　1979年1月1日、台湾政府は台湾人の海外旅行を解禁し、長期にわたった海外旅行への制限を解除した。1987年には台湾人の中国への親族訪問を解禁した。この2つの重要な政策は、旅行業の成長において決定的な意義がある。中国への親族訪問解禁後、台湾・中国両地の旅行により、観光客リソースが拡大し台湾地区の旅行業が発展した。血縁との距離が狭まるとともに言葉の障害

30　旅行業ライセンスの種類。甲種は海外・国内旅行の企画手配ができる。
31　旅行業ライセンスの種類。乙種は国内旅行のみ企画手配ができる。

がないことで、徐々に市場において強い地位を築いた。ただ、旅行業開設にメリットが多かったものの、観光解禁政策はいくつかの制限があった。たとえば、中国および共産主義国家への観光旅行制限である。中国への親族訪問は認められたものの、観光旅行については引き続き制限されていた。

台湾に進出したHIS

台湾人の海外旅行解禁により、海外旅行者数は1979年の延べ32万人から1987年には延べ105万人となり約3.3倍増加した。台湾人の海外旅行市場は国内にあって、手に入れやすく、市場マーケティングにおいて来台観光客より容易であった。加えて関連法令が相次いで緩和され、国民所得が増加して海外旅行に追い風が吹き旅行業の成長を助長した。この時期、米国通運（アメックス）台湾支店、金龍裝運社、金界旅行社、欧州通運、大漢旅行社などが誕生し、国内の台湾人の海外旅行業務に一定の貢献をもたらした。一方、台湾地区の物価水準の上昇、台湾ドルの値上がり、中国の対外開放の影響により来台観光客が急激に減少し、接待する旅行業者は大きな圧力に直面した（容継業、2008）。

(4) 拡張期

拡張期の旅行業は、観光旅行市場が熾烈となる多くの要因を生み出した。政府は1988年1月1日、再度旅行業ライセンス申請を解禁し、旅行業を総合[32]、甲種、乙種の3種類に区分した。1991年までに旅行業者（支店を含む）は1,373社に激増し、海外団体旅行業者が大多数を占めた。旅行業社の増加は、出国人口の拡大に結びついた。年齢も日増しに下がり、消費者の旅行意識が芽生え、パッケージも多元化され、競争もさらに白熱化した。また、航空解禁政策の下、航空会社の増加により市場構造が変化した。コンピュータ予約システム（CRS: Computer Reservation System）および銀行決済プラン（BSP: Bank Settlement Plan）が広く業界に採用され、旅行市場の変革をさらに加速させた。マーケティング戦略の革新および企業イメージの構築により、旅行市場に多元的かつ斬新

---

32 旅行業ライセンスの種類。総合は海外・国内旅行の企画手配ホールセールができる。

な会社が出現し、高度な競争段階に突入した。このため、競争環境においてどのように調整を行い、新たな観光旅行時代を迎え入れるかが、ともに思考すべき課題となった（容継業、2008）。

(5) 統合期

この時期、旅行業管理者は経営環境の新たな変革に直面した。政府の法規、消費者価値意識、コンピュータテクノロジーの駆動、航空会社の役割変化など、旅行業にかつてない経営的課題がもたらされた。旅行業経営者は積極的に転換・変化を求め、より大きな生存空間を得ようとした。経営者は多くの努力を管理に注ぎ、内部全社員の環境への認知、協調、承諾をとおして勝機を得ようとした。そして「同一のなかで違いを求め、違いのなかで同一を求める」経

台湾の旅行会社のホームページ
日本への旅行も多く取り扱っている。

営思考モデルで、旅行業の経営に斬新な統合管理領域をもたらした（容継業、2008）。

(6) チャネル期

インターネットの運用は、旅行業者のチャネルに新たな革命をもたらした。「旅行業コンピュータ情報化」が国内の旅行業で発展し10年以上となるが、旅行業の経営に確固たる基礎を構築し巨大な影響を与えた。コンピュータの情報化が完備した旅行業者の経営体質は強くなり、生産力も高まってコストも下がり利潤が増えた。このような現象により、「ポスト旅行業のコンピュータ情報化時代」の到来が促され、まったく新しい旅行業発展の思考が誕生した。インターネット、日進月歩の運用、データベースマーケティング（Databank Based Marketing）、Eビジネス（E-commerce）は旅行業チャネルの変革であり、

主流トレンドとなった。旅行業者は各種インターネットの運用により他の旅行業者やパッケージ代理店となって、自己の顧客に販売する共同販売が旅行業経営の主流となった。ネット旅行業の経営において、機能が完備されたコンピュータ情報化システムがあればよく、その他の関連サービスは風化した（容継業、2008）。

(7) 再構築期

社会、政治、経済、テクノロジーが継続的に進歩し、観光倍増計画の促進により、来台観光客業務が再度勃興した。台湾の観光発展に新たなページが切り開かれ、旅行業は変革の新たな局面に直面した。いかに国内旅行業務（インバウンド）の能力を高めるかが、この時期の重要課題となった。観光局は台湾の観光新世代を推進するため、次々と一連の発展計画、パッケージ施策を発表し、観光事業の発展は台湾の重要な施政のひとつとなった。さらに、ネット専業旅行会社が設立され、21世紀の観光産業が情報化時代に突入したことを示した。旅行業の発展余地はそれに伴い拡大していった（容継業、2008）。

(8) 革 新 期

旅行業はチャネル期、再構築期の10年の調整期間を経て再出発となった。政府は観光を6大新興産業のひとつとし、国内旅行（インバウンド）の急速な発展と、1979年の海外旅行解禁以来発展した海外旅行（アウトバウンド）を分け隔てなくした。かつ観光局は、「Taiwan, The Heart of Asia」として、台湾観光と世界のリンクを大々的に推し進めた。旅行業は新たな市場、新たなパッケージ、新たな思考という革新的発展に直面している。またニッチ市場[33]が生まれ、旅行業の「大」「小」がともに繁栄する革新的トレンドが生まれている（容継業、2008）。

「Taiwan, The Heart of Asia」のウェブサイト

33　ここでいう「ニッチ市場」とはスキー旅行専業、クルーズ専業などの市場規模は大きくはないが、専門ノウハウが必要なマーケットをいう。

4-4　旅行業管理と法規

（1）　定義と法制度

　台湾の旅行業の法制度は「発展観光条例」第2条第10款により、「中央主管機関に許可され、旅客にスケジュール、宿泊、食事、ガイド、添乗員の手配をし、交通票券類の販売、ビザ申請代行などのサービスを提供することによって報酬をもらう営利事業である」と定義されている。また、「発展観光条例」第4条により、旅行業の主管機関が「交通部」と定められ、交通部が「発展観光条例」第66条第3項により、2012年9月5日に「旅行業管理規則」を修正発表した。よって、「発展観光条例」が旅行業の法源となった。

　「発展観光条例」第27条により、旅行業の業務範囲は以下のとおり定められている。

> 1. 陸、海、空の運輸事業の票券[34]代行販売を行う。また、旅客の代理で票券を購入する。
> 2. 旅客に代わって、入出国やビザ申請手続きをする。
> 3. 国際旅客の招きおよび接待、旅程、食事、宿泊、交通の手配。
> 4. 旅程の企画、ガイド、添乗員の手配。
> 5. 旅行に関する問い合わせを受ける。
> 6. その他中央主管機関に認定され、国内外旅行者の観光旅行に関すること。

　業務範囲については、中央主管機関がその性質により総合、甲種、乙種旅行業のライセンスに分けるほか、旅行業でなければ旅行業務を行ってはならない。ただし、日常生活に必要な陸・海・空運輸事業の票券代行販売は例外とする。

（2）　旅行業のサービスの特性

　台湾における旅行業の法制度はサービス業に属し、販売される商品は「サービスを提供すること」となっている。すなわち、旅行、宿泊、食事などのサービスを提供することによって報酬を得る事業で、以下のような特性があり、そ

---

[34]　交通チケットの意味。

れに応じた規則を設けている。

> ① 信　用
> 　旅行業は目に見えないサービスを提供するため、取引は信頼関係の上で成り立つ。
> 　旅行業管理規則第49条第13款により「旅行業は取引関係原則に反してはならない」と規定されており、旅行業が誠実に経営されるよう以下のように規定されている。
> 1. 旅行業が団体旅行や個別旅客旅行を行うにあたって、旅客と書面の契約を結ばなくてならない（旅管[35]、第24条第1項）。
> 2. 旅行業が新聞、雑誌、インターネット、その他マスコミに載せる広告には会社名、ライセンス、会社登記番号を記載しなければならない（旅管、第30条）。
> 3. 旅行業が旅客募集にサービス標章[36]を使用するには、標章登記を行い、交通部観光局に連絡すること（旅管、第31条）。
>
> ② 安　全
> 　旅行業は旅行期間中旅客の安全を旅行会社に委ねているため、旅行業管理規則は旅客の安全を守る規定が非常に多い。重要な部分は以下のとおりである。
> 1. 旅行業務の際、添乗員は以下の規定を守らなければならない（旅管、第37条）。
> 2. 国家に不利な言動をとってはならない。
> 3. 旅行期間中に離団、解散してはならない。
> 4. 合法業者による施設、宿泊場所を利用する。
> 5. 旅客の安全に気をつける。
> 6. 不可抗力や旅客の依頼以外の理由で旅程を変更してはならない。
> 7. 手続き以外の理由で旅客の旅券を保管してはならない。
> 8. 旅客の旅券を保管するときは慎重に保管する。
> 9. 合法業者によるバス、運転手を使用する。大型バスを借りる際は契約を結び、交通部観光局が決めたチェックリストに従う。バスには所属団体の旅客のみで、他の旅客は乗せてはならない。
> 10. 運転手に制限運転時間を超えてはならない。

---

[35] 旅行業管理規則を指す。
[36] 登録商標のひとつ。商品に表示する商標を「トレードマーク」（TM）、役務に表示する商標を「サービスマーク」（SM）とう。

11. 団体旅行、個別旅客旅行を催行する際は「責任保険[37]」「履約補償保険[38]」をかけなければならない。旅客に「旅行平安保険[39]」を勧める責任がある（旅管、第53条）。
12. 観光団体旅行業務を行う際、緊急事故にあった場合は、迅速かつ適切に対応し、旅客の利益を守り、被害者家族に必要な援助を提供すること。事故発生24時間以内に交通部観光局に報告する（旅管、39条）。
13. 旅行業者が業務を行う際、取得した個人資料は慎重に保管し、本来の目的以外に使用してはならない（旅管、第34条）。

③ 資　格

旅行業のサービス品質は従業員の素養がポイントとなるため、旅行業の「経理人[40]」と「責任者」には、発展観光条例第33条により以下の資格規定がある。
1. 経理人は、中央主管機関や委託期間の訓練に合格し修業証書を得て就業できる。3年以上旅行業に在職していない場合、再訓練に参加する必要がある。他の旅行業者の兼任はできない。
2. 責任者は、過去5年観光旅館業、旅行業、観光施設を経営し、停業処分、営業免許廃止処分を受けた者は就任できない。

台湾の地下鉄に掲示される国際観光博覧会の広告と旅行会社の店舗

37　強制保険。おもに旅客の傷害死亡や傷害治療保険のこと。
38　強制保険。旅行会社が手配した旅行の全部、一部が履行できない場合の補償保険。
39　任意保険。
40　旅行業務取扱管理者。

4-5　旅行業の種類

　旅行業管理規則第3条により、台湾の旅行業は、総合旅行業、甲種旅行業、乙種旅行業の3種類のライセンスに分かれる。それぞれの内容、特徴は以下のとおりである（表4-2）。

　また、旅行会社数は2018年5月末日現在、合計3,911社である（表4-3）。

表4-2　台湾旅行業ライセンス比較表

種別		総合旅行社	甲種旅行社	乙種旅行社
業務範囲		国内・海外旅行 ホールセール	国内・海外旅行 ホールセール不可	国内旅行
資本金	本社	2,500万元	600万元	300万元
	支店	150万元／1支店	100万元／1支店	75万元／1支店
登記費用	本社	資本金1／1,000	同左	同左
	支店	増資1／1,000／1支店	同左	同左
株主	本社・支店	有限会社1名以上 株式会社2名以上	同左	同左
保証金	本社	1,000万元	150万元	60万元
	支店	30万元／1支店	同左	15万元／1支店
経理人	本社・支店	1名以上	同左	同左
保険	責任保険	傷害死亡200万元／人 傷害治療3万元／人	同左	同左
	履約保険	6,000万元以上／本社	2,000万元以上／本社	800万元以上／本社
		400万元／1支店	同左	200万元／1支店
旅行品質保証金	本社	100万元	15万元	6万元
	支店	3万元	同左	1万5,000元
	永久基金	10万元	同左	1万2,000元

出典：中華民国交通部観光局　旅行業管理規則より作成

表 4-3　台湾ライセンス別旅行業社数

區域	縣市	總計 合計	總計 總公司	總計 分公司	綜合 合計	綜合 總公司	綜合 分公司	甲種 合計	甲種 總公司	甲種 分公司	乙種 合計	乙種 總公司	乙種 分公司
北臺灣	臺北市	1,483	1,367	116	170	111	59	1,302	1,245	57	11	11	0
	新竹縣	40	26	14	7	0	7	32	25	7	1	1	0
	新竹市	75	45	30	21	0	21	49	40	9	5	5	0
	新北市	196	129	67	52	1	51	121	106	15	23	22	1
	基隆市	19	11	8	4	0	4	11	7	4	4	4	0
	桃園市	244	170	74	50	0	50	176	152	24	18	18	0
	宜蘭縣	55	42	13	9	0	9	34	30	4	12	12	0
	合計	2,112	1,790	322	313	112	201	1,725	1,605	120	74	73	1
中臺灣	臺中市	496	332	164	94	7	87	385	308	77	17	17	0
	彰化縣	83	56	27	17	0	17	60	50	10	6	6	0
	雲林縣	34	23	11	5	0	5	25	19	6	4	4	0
	苗栗縣	51	35	16	8	0	8	41	33	8	2	2	0
	南投縣	32	22	10	4	0	4	26	20	6	2	2	0
	合計	696	468	228	128	7	121	537	430	107	31	31	0
南臺灣	臺南市	227	149	78	48	1	47	171	140	31	8	8	0
	嘉義縣	17	14	3	2	0	2	9	8	1	6	6	0
	嘉義市	86	56	30	16	0	16	63	49	14	7	7	0
	高雄市	472	335	137	88	15	73	364	300	64	20	20	0
	屏東縣	28	16	12	7	0	7	17	12	5	4	4	0
	合計	830	570	260	161	16	145	624	509	115	45	45	0
東臺灣	臺東縣	39	35	4	2	0	2	10	8	2	27	27	0
	花蓮縣	49	38	11	5	0	5	38	32	6	6	6	0
	合計	88	73	15	7	0	7	48	40	8	33	33	0
離島	澎湖縣	124	113	11	1	1	0	45	34	11	78	78	0
	連江縣	9	8	1	0	0	0	9	8	1	0	0	0
	金門縣	52	27	25	5	0	5	47	27	20	0	0	0
	合計	185	148	37	6	1	5	101	69	32	78	78	0
總計		3,911	3,049	862	615	136	479	3,035	2,653	382	261	260	1

出典：中華民国台湾交通部観光局より抜粋（単位：社、2018年5月31日現在）

（1）業務範囲

それぞれのライセンスにおける業務範囲は、以下のとおりである。

> ① 総合旅行業
> 1. 国内・海外の陸・海・空運輸チケット販売代行、旅客の代理で票券を購入する。ただし、日常生活に必要な陸・海・空運輸事業の票券代行販売は例外とする。
> 2. 入出国手続きおよびビザ申請代行。
> 3. 国内・海外観光旅行客を募集し、旅行、食事、宿泊、交通を手配する。

4. 国内・海外観光旅行を企画し（自社と他社の旅客受け入れ可能）、食事、宿泊、交通、その他サービスを手配し提供する。
5. 甲種旅行業に国内・海外観光旅行の募集を委託する。
6. 乙種旅行業に国内団体旅行の募集を委託する。
7. 外国旅行業の代理として連絡、宣伝、見積提出業務を行う。
8. 国内・海外観光旅行を企画、導遊人員、領隊人員を手配する。
9. 国内・海外観光旅行について問い合わせを受ける。
10. その他中央主管機関が定めた国内・海外旅行に関すること。

② **甲種旅行業**

1. 国内・海外の陸・海・空運輸チケット販売代行、旅客の代理で票券を購入する。ただし、日常生活に必要な陸・海・空運輸事業の票券代行販売は例外とする。
2. 入出国手続きおよびビザ申請代行。
3. 国内・海外観光旅客を募集し、旅行、食事、宿泊、交通を手配する。
4. 国内・海外観光旅行を企画し（自社の旅客のみ受け入れ可能）、食事、宿泊、交通、その他サービスを手配し提供する。
5. 総合旅行業の委託を受け、国内・海外観光旅行の募集をする。
6. 外国旅行業の代理として連絡、宣伝、見積提出業務を行う。
7. 国内・海外観光旅行を企画、導遊人員、領隊人員を手配する。
8. 国内・海外観光旅行について問い合わせを受ける。
9. その他中央主管機関が定めた国内・海外旅行に関すること。

③ **乙種旅行業**

1. 国内の陸・海・空運輸事業のチケット販売代行、旅客の代理で票券を購入。ただし、日常生活に必要な陸・海・空運輸事業の票券代行販売は例外とする。
2. 国内観光旅客を募集し、旅行、食事、宿泊、交通を手配する。
3. 総合旅行業の委託を受け、国内団体旅行の募集をする。
4. 国内観光旅行の企画を行う。
5. 国内旅行について問い合わせを受ける。
6. その他中央主管機関が定めた国内旅行に関すること。

総合旅行業、甲種旅行業は業務内容として同じであるが、前者はホールセール業務ができるのに対して後者は自社募集のみしかできない。また、総合・甲種旅行業と乙種旅行業の決定的な違いは、総合・甲種旅行業は海外旅行の企画・

募集ができるが、後者は国内旅行のみという点である。また、旅行業管理規則第38条により、総合旅行業・甲種旅行業者が海外団体旅行を実施する際、政府の正式な登録旅行業者に業務を委託しなければならない。承諾書や保証書を取得し、現地ガイド業務を委託する。現地旅行業者の契約違反で旅客の利益が損なわれた場合は、実施した台湾国内総合・甲種旅行業者がその責任を負うことになる。

4-6　旅行業の登記

(1)　設立準備

　発展観光条例第26条により、「旅行業を経営する者は、まず中央主管機関に申請し、許可を得てから会社を登記し、経営免許を取得し営業開始できる」となっている。その登記先管理機関は、旅行業管理規則第2条により交通部が交通部観光局に委任し執行する。

　旅行業管理規則第5条から第19条により、旅行業を経営するには、設立申請をし、設立許可を得て、登記を済ませ、保証金および登記費用を納付し、旅行業免許を取得して営業開始ができる。設立申請には以下の書類が必要となる。

> 1. 申請書
> 2. 申請人名簿
> 3. 経理人名簿および学歴、資格証明書（修業証書）
> 4. 経営計画書
> 5. 営業所使用権の証明書

　旅行業管理規則第6条により、申請が許可された後2か月以内に登記手続きを完了する必要がある。登記申請には以下の書類が必要になる。

> 1. 申請書
> 2. 会社登記証明書
> 3. 会社定款
> 4. 旅行業設立登記事項カード

申請が許可され、旅行業免許および登記番号が発行されれば、営業を開始できる。

（2） 運　営

旅行業営業所について、以下の規定がある。

> 1. 1つの営業所内に、2つの営利法人があってはならない。
> 2. 旅行業免許の表示。
> 3. 旅行業免許取り消し処分を受けて5年以内の会社名は申請できない。

（3） 支社設立

旅行業管理規則第7条により、支社設立には以下の書類が必要となる。

> 1. 支社設立申請書
> 2. 取締役議事録または株主同意書
> 3. 会社定款
> 4. 支社経営計画書
> 5. 支社経理人名簿および学歴、資格証明書（修業証書）
> 6. 支社営業所使用権の証明書

旅行業管理規則第8条により、申請が許可された後2か月以内に登記手続きを完了する必要がある。登記申請には以下の書類が必要になる。

> 1. 申請書
> 2. 支社登記証明書

申請が許可され、旅行業免許および登記番号が発行されれば、営業を開始できる。

（4） インターネット旅行社

旅行業管理規則第32条により、旅行業がウェブサイトにて旅行業務を経営する場合、トップページに以下の内容を記載し、交通部に報告する。

> 1. サイト名称とアドレス
> 2. 会社名、旅行業ライセンス、住所、登記番号、代表人名
> 3. 電話番号、ファックス番号、メールアドレス、連絡人
> 4. 経営業務
> 5. 会員資格の確認方法

　旅行業管理規則第33条により、旅行業ウェブサイトを通じ旅客と取引するには、旅行契約をサイトに表示すること。契約に基づき旅客から代金を受け取れば、領収書を発行する。

（5）外国旅行業

　外国籍の旅行会社が台湾で旅行業を設立する場合は、①支社設立（営業行為を行う）、②代表人（駐在員事務所）、③業務委託の3ケースがある。内容は以下のとおりである。

> ① 支社設立
> 　旅行業管理規則第17条には「外国旅行業が台湾で支社を設立する場合は、交通部観光局に許可を申請し、法に沿って支社登記をし、旅行業免許を取得してから営業を開始することができる。その業務範囲、資本額、保証金、登記費用などは台湾旅行業会社規定に準ずる」となっており、まったく台湾の旅行社と同様の扱いとなる。
> ② 代表人（駐在員事務所）
> 　発展観光条例第28条により、外国籍の旅行会社が台湾で代表人を置くには、交通部観光局に許可を申請し、会社法に基づき経済部[41]に報告する。ただし、営業行為はできない。また、許可を得るためには以下の規定を満たす必要がある。
> 　1. 当該国の法律に沿って設立された、国際旅行業務を経営する会社である。
> 　2. 関連する機関と業務の取引が禁止されていない。
> 　3. 取引の信頼原則に違反したことがない。
> 　申請は以下の書類を用意し交通部観光局に申請し、許可された後、2か月以内に会社法に基づき経済部に報告する。

---

[41] 日本の経済産業省にあたる組織。

1. 申請書
2. 申請する会社から代表人に渡した委任書
3. 代表人の身分証明書
4. その国にある台湾観光局海外事務所が公認した外国旅行業の営業免許コピーと開業証明書

③ 業務委託

外国籍の旅行会社が、台湾の総合旅行業や甲種旅行業に業務を委託する場合は、以下の書類を用意し、交通部観光局に許可を申請する。
1. 申請書
2. 台湾の総合旅行業や甲種旅行業が業務を受託する同意書
3. その国にある台湾観光局海外事務所が公認した外国旅行業の営業免許コピーと開業証明書

4-7 旅行業の経営

旅行業管理規則第4条により、「旅行業は専門的かつ会社組織運営でなければならない。会社名には旅行社と記載すべき」となっている。旅行業を経営するに遵守すべき規則は旅行業管理規則第20条から第54条で定められ、概要は以下のとおりである。

(1) 開業、停業、変更、解散

① 開　業
1. 旅行業は固定の営業所を設け、2つの営利事業を同じ場所で行ってはならない。ただし、会社法で関連事業と認められた場合は使ってもよい（旅管、第16条）。
2. 旅行業は登記が許可され、旅行業免許を取得してから1か月以内に営業を開始しなければならない（旅管、第19条）。
3. 旅行業は開業する前に、開業日、全職員名簿を交通部観光局や直轄市観光主管機関に報告しなければならない（旅管、第20条第1項、第2項）
4. 旅行業開始後は、毎年6月30日までに、財務や業務状況を交通部観光局に申告しなければならない（旅管、第20条第3項）。

② 停　業
1. 旅行業を1か月以上営業停止するものは、営業停止から15日以内に取締役会議事録や株主同意書を用意し、営業停止した理由を交通部観光局に報告する。また、営業許可証、免許証を返却すること。営業停止期間は最長で1年とする。営業再開は、満了後15日以内に交通部観光局に業務再開申請書を提出、旅行業免許等を再度取得し営業を再開する（旅管、第21条）。
2. 旅行業停止処分を受けたものは、営業停止日に交通部観光局から発行された書類をすべて返却する。停止期間終了後は、15日以内に再開の手続きをとり、旅行業免許等を再度取得し営業を再開する（旅管、第62条）。

③ 変　更
旅行業が組織、名称、種類、資本金、住所、代表人、取締役、監査人、経理人の変更や同業他社との合併をする場合は、変更や合併後の15日以内に以下の書類を用意し、交通部観光局に申請する。会社法の規定期間に登記変更を行い、2か月以内に旅行業免許の変更手続きを行う。
1. 登記変更申請書
2. その他関連書類
株式や出資額の変更は登記変更後、交通部観光局に報告する（旅管、第9条）。

④ 解　散
1. 旅行業を解散するときは、解散登記をする。15日以内に看板を外し、旅行業許可証や免許等を返却する。清算人が交通部観光局に保証金の返還を申請する（旅管、第46条）。
2. 旅行業の廃止処分を受けたものは、その会社名は5年以内旅行業として申請できない。旅行業の会社名は、消費者が混同するような他の旅行業社の名称と類似してはならない。交通部観光局の同意を得て、経済部に審査申請をする（旅管、第47条）。

(2) 定価、値段設定

1. 消費者が参考になるよう、中華民国旅行業品質保証協会[42]が航空券、宿泊、交通費の参考値段をシーズン毎に発表する（旅管、第22条第2項）。

---

[42] 旅行業界が旅客（消費者）権利保護のため設立された公益社団法人。旅行業社が契約違反行為を行い旅客への賠償が滞った際に、当協会がその費用を肩代わりする。

> 2. 旅行業が各業務を経営する際は、値段を正しく設定する。不正行為や不公正競争があってはならない（旅管、第22条第1項）。

(3) 保証金

発展観光条例第30条により、旅行業を経営するものは、規定により保証金を納付しなければならない。発展観光条例第30条第2項により、保証金納付の目的は旅客が旅行業者と紛糾した際、旅客が優先的に弁償してもらう権利をもたらすためである。また、発展観光条例第30条第3項により、保証金を納付しないものは旅行業免許が廃止になる。保証金の金額は旅行業管理規則第12条により、以下のとおり決定する（表4-2）。

> 1. 総合旅行業　1,000万元
> 2. 甲種旅行業　150万元
> 3. 乙種旅行業　60万元
> 4. 総合・乙種旅行業、1支社毎　30万元
> 5. 乙種旅行業、1支社毎　15万元

(4) 経営責任

旅行業を経営するにあたり、市場秩序を維持するため、①主管機関、②旅行業者、③従業員にそれぞれの責任分野が明確にされている。

> ① **主管機関**
> 　旅行業管理規則第59条により、以下の場合、交通部観光局は公告することができる。
> 　1. 保証金が執行機関に押収された者。
> 　2. 停業処分を受けた者や旅行業免許が廃止された者。
> 　3. 正当な理由なく営業を停止した者。
> 　4. 解散した者。
> 　5. 手形交換所に取引を拒絶された者。
> 　6. 団体旅行業務を行う際に、責任保険や履約補償保険をかけない者。
> ② **旅行業者**
> 　旅行業管理規則では旅行業は違法行為をしてはならないと明記している。

第34条では、旅客との契約目的以外の個人情報の保管、他人への名義貸し、旅行業でない者の経営はしてはならない。さらに第49条では以下のことを禁じている。

1. 入出国ビザ手続きを代行する際、旅客の書類や身分証明書に偽りがあるにもかかわらず代行手続きを行う。
2. 雇用した導遊人員が、特殊な場合を除いて、企画手配した旅程を勝手に変更する。
3. 政府機関が取引を禁じる国外旅行業者と取引をする。
4. 許可なしに国外旅行業代表を社内に設置する。
5. 旅行業ではないものに代わってビザ申請をする。
6. 私用で外国通貨を両替する。
7. 旅客に依頼し外国製品を買って販売し利益を得る。
8. 企画した旅程が台湾や海外の法律に反する。
9. 旅客の同意なしに旅程内容を手配する。
10. 値段と品質が一致しない商品を旅客に売る。
11. 旅客が旅程途中に離脱する際、離脱費用を請求する。または、その他必要でない費用を請求する。
12. ビザ、航空券、宿泊が契約どおり手配できないにもかかわらず催行する。
13. 取引誠実の原則に反する。
14. 旅行以外の名目で不特定多数の人から金銭を授受する。
15. 旅行業者と消費者の旅行契約に関する紛争の際、交通部観光局より通知を受けた日に正当な理由なく欠席する。
16. 旅客の名前が入っていない航空券を販売する。
17. 旅行業経営において交通部管理局の管理監督を守らない。

③ 従 業 員
1. 雇用人員
旅行業に雇用されたものは、以下のことを禁じている（旅管、第50条）。
　1. 離職手続きを済ませないで、他の旅行業に就職する。
　2. 旅行業者證を他人に貸す。
　3. 同時に他の旅行業に雇用される。
　4. ライセンスの持たない導遊、領隊人員を業務させる。

旅行従業員でない者が旅行業務を行った場合、不法経営とみなす（旅管、第52条）。

2. 導遊人員
旅行業管理規則第32条に以下の規定がある。
1. 総合旅行業、甲種旅行業が、海外からの旅客に対応する際、言語に応じて外国語導遊人員を手配し業務を執行する。
2. 総合旅行業、甲種旅行業が、海外からの旅客に対応する際、相手が中国語圏ではない外国人の場合、中国語導遊人員を手配してはならない。
3. 総合旅行業、甲種旅行業は、雇用した導遊人員を管理し、旅行業以外の業務を執行させてはならない。

(5) 委託、代理、譲渡

① 委　託
　総合旅行業は国内・海外団体旅行を募集する際、自社で募集するか甲種、乙種旅行業に募集業務を委託する（旅管、第26条）。甲種、乙種旅行業は自社で団体旅行を企画できるが、募集書類を他社に置き募集、販売を委託してはならない（旅管、第28条）。
② 代　理
　甲種、乙種旅行業が総合旅行業の業務を代理する際は、総合旅行業が委託し、総合旅行業の名義で旅客と旅行契約を結ぶ。契約書には販売した旅行業が副署する（旅管、第27条）。
③ 譲　渡
　旅行業は、旅客の書面的同意がないと、業務を他の旅行業に譲渡できない。旅行業が旅行業務の譲渡を受理する場合は、旅客と新しい旅行契約を結ばなければならない（旅管、第28条第1項、第2項）。

4-8　旅行業の従業員

　台湾の旅行業では、従業員管理において「経理人」「領隊人員」「導遊人員」が重要な役割を果たすと考えられている。特に「領隊人員」「導遊人員」については、旅行業管理規則以外に独自の管理規則を設けており、国家資格の試験を設けている。それぞれの概要は以下のとおりである。

（1） 旅行業経理人

旅行業経理人は旅行業経営に大きな役割を果たすが、それ自身の法規はない。会社法、発展観光条例、旅行業管理規則、領隊および導遊人員管理規則などでそれぞれ定められている。領隊人員や導遊人員のように、ライセンス資格試験や実技試験に合格し、国家資格を取得するといった規定がない。それぞれの法、規則から資格条件を以下のように整理する。

> ① 資格条件
> 1. 会社法の規定
>   会社法第29条により、経理人は国内に住所を所持しなければならない。会社は定款によって経理人を置くことができる。委任、解任、報酬は以下の規定で定められている。
>   1. 無限会社[43]は無限責任株主の過半数の同意が必要。
>   2. 有限会社[44]は株主の過半数の同意が必要。
>   3. 株式会社は取締役会にて過半数の取締役が出席し、出席した取締役の過半数の同意が必要。
>
>   会社法第30条により、以下にあてはまる場合は経理人に就任できない。
>   1. 組織犯罪防止条例の規定に反し、有罪判決で刑期満了後5年未満の者。
>   2. 詐欺、信用違反、窃盗罪で有罪判決後懲役1年以上、刑期満了後2年未満の者。
>   3. 公務執行横領罪で、有罪判決後刑期満了後2年未満の者。
>   4. 破産宣告し未だ解除されていない者。
>   5. 証券取引を禁じられたことがあり未だ解除されていない者。
>   6. 行為能力[45]のないあるいは制限行為能力者。
>
> ② 発展観光条例の規定
>   発展観光条例では、以下の禁止規定がある。
>   1. 会社法30条のいかなる項目に当てはまる者。
>   2. 観光旅館業、旅行業、観光遊楽業を経営し、停業処分、営業免許廃止処分を受けてから5年未満の者。

43　出資者（株主）が無限責任を負う会社。
44　出資者が出資額を限度として責任を負う会社。
45　単独で有効に法律行為ができる能力（法律上の資格）をいう。

③ 旅行業管理規則の規定

旅行業管理規則第15条により、旅行経理人は以下のいずれの資格に当てはまり、交通部観光局やその委託期間のセミナー研修に合格し修業証書を取得して就任できる。

1. 大学卒業以上や高等考試[46]に合格し、旅行業代表人歴2年以上の者。
2. 大学卒業以上や高等考試に合格し、運輸業の管理職歴3年以上の者。
3. 大学卒業以上や高等考試に合格し、旅行業歴4年以上や領隊、導遊人員歴6年以上の者。
4. 高校卒業や普通考試[47]に合格し、旅行業代表歴4年以上、あるいは旅行業経歴6年以上、もしくは領隊、導遊人員歴8年以上の者。
5. 旅行業歴10年以上の者。
6. 大学卒業以上や高等考試に合格し、国内外大学で観光に関する講義を2年以上行った経験のある者。
7. 大学卒業以上や高等考試に合格し、観光行政機関営業部門経歴3年以上、あるいは高卒で観光行政機関営業部門歴5年以上の者。

旅行業管理規則第13条により、経理人は本社、支社それぞれ1名以上置かなくてはならない。また、他社の旅行業経理人の兼務はできない。

(2) セミナー試験

経理人は国家資格ではないが、業務の複雑性、旅行安全の秩序、旅客との紛争問題を減らすため研修制度を設けている。旅行業管理規則第15条第1項により、旅行業経理人は交通部観光局や関連機関が主催するセミナー研修に合格し修業証書を受けると就任できる。

セミナー研修の内容は以下のとおりである。

① レッスン数

旅行業経理人のセミナー研修は60レッスンある。毎レッスンは50分、欠席数が10分の1を超えると認められない。レッスンに10分以上遅刻や早退の場合は欠席とみなす（旅管、第15-4条）。

---

[46] 公務員上級試験の意味。
[47] 公務員初級試験の意味。

② 成　　績

　セミナー研修は試験がある。100点満点中70点で合格する。セミナー研修試験に不合格の者は7日以内に1回限り再試験を受けることができる。再試験でも不合格の者は修業できない（旅管、第15-5条）。

③ 修業証書

　旅行業経理人がセミナー研修に合格すれば、交通部観光局より修業証書が発行される（旅管、第15-9条）。

（3）　領隊人員

　領隊人員とは、海外団体旅行で旅客に付き添い、サービスを提供しながら管理も行う添乗員である。語訳は「Tour Leader」だが「Tour Manager」とも呼ばれる。日本における海外添乗員（ツアーコンダクター）と同様である。ただし、訪日旅行においては、その役目は「旅程管理」だけでなく、「現地ガイド」も兼ねており、「スルーガイド」と呼ばれる運用がなされている。領隊人員は国家資格であり、試験は考選部[48]所管の「専門職業および技術人員」筆記試験と、交通部観光局所管の実務試験両方を合格し、執業證[49]が交付され業務を開始する。交通部は1990年3月5日に、旅行業管理規則とは別に「領隊人員管理規則」という法規を交付している。領隊人員のライセンス取得者は2018年5月末現在58,482名在籍し、日本語で試験を受けたライセンス取得者は約1割の5,386名である（表4-4）。

台北桃園空港での搭乗手続きの様子

48　国家試験を司る行政組織。国家試験省。
49　就業許可員証。

4-8 旅行業の従業員

表4-4 領隊人員ライセンス別人数表

語言別	区　分	合　計	男　性	女　性
不重複人數	甄訓合格	69,107	34,553	34,554
	領取執照	58,482	30,042	28,440
日語（Japanese）	甄訓合格	6,673	3,674	2,999
	領取執照	5,386	2,794	2,590
西班牙語（Spanish）	甄訓合格	192	79	113
	領取執照	176	75	101
法語（French）	甄訓合格	170	58	112
	領取執照	148	50	98
阿拉伯語（Arabic）	甄訓合格	3	2	1
	領取執照	1	1	0
俄語（Russian）	甄訓合格	3	2	1
	領取執照	2	1	1
英語（English）	甄訓合格	36,167	15,780	20,387
	領取執照	29,857	13,614	16,236
華語（Chinese）	甄訓合格	25,988	15,060	10,928
	領取執照	20,699	12,666	8,033
粵語（Cantonese）	甄訓合格	1	1	0
	領取執照	1	1	0
義大利語（Italian）	甄訓合格	2	1	1
德語（German）	甄訓合格	177	56	121
	領取執照	156	52	104
韓語（Korean）	甄訓合格	22	10	12
	領取執照	18	10	8

出典：中華民国台湾交通部観光局より抜粋（単位：人、2018年5月31日現在）

① 定　義

発展観光条例第2条により、領隊人員とは「海外団体旅行を案内し、旅行業務を行って報酬を得る人」をいう。国内旅行では、領隊人員は必要ない。

② 分　類

領隊人員資格は以下の2種類の免許に分かれる。領隊人員管理規則第15条により、それぞれの業務範囲は以下のとおりである。

1. 外語領隊人員執業證

外語領隊人員資格取得者は、地域を問わず海外団体旅行の旅行案内業務を実施することができる。

2. 華語[50]領隊人員執業證

華語領隊人員資格取得者は、香港、マカオ、中国大陸のみ海外団体旅行

50　中国語の意味。

の旅行案内業務を実施することができる。

③ 試　　験
1. 受験資格

「専門職業及び技術人員普通考試領隊人員考試規則」第5条により、中華民国国民で以下のいずれかに当てはまる場合受験できる。
1. 高校や高等職業学校[51]以上を卒業した者。
2. 初等考試[52]やそれに相当する特殊考試[53]に合格し、関連職務に4年以上勤務し、その証明書を所有している者。
3. 大学や普通考試に合格した者。

また、「専門職業及び技術人員試験領隊人員試験規則」第4条により、受験者は専門職業技術人員考試法第8条第1項の各項目に当てはまる場合や、職業管理法が禁ずるものに当てはまる場合は受験資格がない。たとえば以下のようなことである。

1. 公的職務に従事し公的財物の横領や賄賂を受けとり、懲役期間満了後3年未満の者。指名手配され未だ解かれていない者。
2. 公的権利が剥奪されている者。
3. 監護宣告[54]や補助宣告[55]を受けまだ解かれていないもの。
4. 違法麻薬を使用し止めていない者。

2. 試験日程

「専門職業及び技術人員普通考試領隊人員考試規則」第3条により年1回行う。必要があるときは状況によって随時行うことがある。

3. 筆記試験

「専門職業及び技術人員普通考試領隊人員考試規則」第6条により、試験科目は、外語領隊人員は4項目、華語領隊人員は3項目ある。外語領隊人員の追加1項目は外国語試験である。合否基準は全項目の平均点数60点以上あれば合格する。合格した者は考試院[56]から合格証を受け、交通部観光局

51　仕事に就くスキルを身に着ける高校。ちなみに、普通の高校は「高級中学」という。
52　公務員初級試験の意味。
53　初等考試と同じ。（公務員初級試験）受験者の条件が違う。
54　禁治産者宣告の意味。
55　準禁治産者宣告の意味。
56　国家試験を司る行政組織。国家試験院。

主催の実務試験を受験する。
4．実務試験

領隊人員管理規則第8条により、試験内容は以下のとおりである。

実務試験は56レッスンある。毎レッスンは50分、欠席数が10分の1を超えると認められない。レッスンに10分以上遅刻や早退の場合は欠席とみなす。

領隊人員管理規則第9条により、100点満点中70点で合格する。実務試験に不合格の者は7日以内に1回限り再試験を受けることができる。再試験でも不合格の者は修業できない。

5．執業證

領隊人員管理規則第16条により、実務試験に合格すると交通部観光局に執業證を申請し業務を開始できる。領隊人員が業務する際は、執業證を胸の前などわかりやすい場所につける。

（4）　導遊人員

　導遊人員とは、台湾に来た外国人観光客の旅行業務案内ガイドである。日本における通訳案内士（通訳ガイド）と同様、国家資格が必要である。先に述べた領隊人員と法規の運用などは酷似しており、試験は考選部所管の「専門職業及び技術人員」筆記試験と口述試験、交通部観光局所管の実務試験両方を合格し、執業證が交付され業務開始できる。交通部は1990年3月5日旅行業管理規則とは別に「導遊人員管理規則」という法規を交付している。領隊人員との違いは、通訳案内士の職業上外国語能力が求められ、試験内容は筆記試験だけでなく口述試験がある。導遊人員のライセンス取得者は2018年5月末現在39,826名在籍し、日本語で試験を受けたライセンス取得者は約1割の3,399名である（表4-5）。

旅行者を案内するガイド

表 4-5　導領隊人員ライセンス別人数表

語言別	區分	合計	男性	女性
不重複人數	甄訓合格	42,308	25,336	16,972
	領取執照	39,826	23,797	16,029
日語（Japanese）	甄訓合格	3,930	2,528	1,402
	領取執照	3,399	2,075	1,324
印尼語（Indonesian）	甄訓合格	47	22	25
	領取執照	49	22	27
印尼語訓練（Indonesian）	領取執照	2	1	1
西班牙語（Spanish）	甄訓合格	95	39	56
	領取執照	71	29	42
法語（French）	甄訓合格	94	34	60
	領取執照	59	20	39
阿拉伯語（Arabic）	甄訓合格	19	15	4
	領取執照	17	13	4
俄語（Russian）	甄訓合格	30	13	17
	領取執照	26	10	16
英語（English）	甄訓合格	6,408	3,605	2,803
	領取執照	5,252	2,869	2,383
泰語（Thai）	甄訓合格	73	44	29
	領取執照	75	47	28
泰語訓練（Thai）	領取執照	21	14	7
馬來語（Malay）	甄訓合格	12	6	6
	領取執照	13	7	6
華語（Chinese）	甄訓合格	31,216	18,871	12,345
	領取執照	30,757	18,619	12,138
越南語（Vietnamese）	甄訓合格	46	12	34
	領取執照	47	13	34
越南語訓練（Vietnamese）	領取執照	3	2	1
義大利語（Italian）	甄訓合格	9	1	8
	領取執照	8	2	6
德語（German）	甄訓合格	123	49	74
	領取執照	84	31	53
韓語（Korean）	甄訓合格	347	188	159
	領取執照	324	172	152
韓語訓練（Korean）	領取執照	2	2	0

出典：中華民國台湾交通部観光局より抜粋（単位：人、2018年5月31日現在）

① 定　義

　発展観光条例第2条第12款により、導遊人員とは「台湾に来た外国人観光客の旅行案内サービス業務を行って報酬を得る人」をいう。

② 分　類

　導遊人員資格は2種類の免許に分かれる。導遊人員管理規則第6条により、

それぞれの業務範囲は以下のとおりである。
1. 外語導遊人員執業證
　外語導遊人員資格取得者は、執業證に登録された言語を使う来台観光客の旅行案内業務を実施することができる。また、香港、マカオ、中国大陸の来台観光客の案内業務も実施することができる。
2. 華語導遊人員執業證
　華語導遊人員資格取得者は、香港、マカオ、中国大陸や華語を使う来台観光客の旅行案内業務を実施することができる。

③ 試　験
1. 受験資格
　「専門職業及び技術人員普通考試導遊人員考試規則」第5条により、中華民国国民で以下のいずれかに当てはまる場合、試験に受験できる。
　　1. 高校や高等職業学校以上を卒業した者。
　　2. 初等試験やそれに相当する特殊考試に合格し、関連職務に4年以上勤務し、その証明書を所有している者。
　　3. 大学や普通考試に合格した者。
2. 試験日程
　「専門職業及び技術人員普通考試導遊人員考試規則」第3条により、年1回行う。必要があるときは状況によって随時行うことがある。
3. 筆記試験と口述試験
　「専門職業及び技術人員普通考試導遊人員考試規則」第6条により、筆記試験科目は、外語導遊人員は4項目、華語領隊人員は3項目ある。外語導遊人員の追加1項目は外国語試験である。外語導遊人員は口述試験があるが、華語導遊人員は筆記試験のみである。合否基準は全項目の総成績平均が60点以上あれば合格する。外語導遊人員については、筆記試験が全体の75％、口述試験が25％で全体成績を合算する。合格した者は考試院から合格証を受け、交通部観光局主催の実務試験を受験する。
4. 実務試験
　導遊人員管理規則第9条により、試験内容は以下のとおりである。
　実務試験は98レッスンある。毎レッスンは50分、欠席数が10分の1を超えると認められない。レッスンに10分以上遅刻や早退の場合は欠席とみなす。
　導遊人員管理規則第11条により、100点満点中70点で合格する。実務試験に不合格の者は7日以内に1回限り再試験を受けることができる。再

> 試験でも不合格の者は修業できない。
> 5. 執業證
> 　導遊人員管理規則第16条により、実務試験に合格すると、交通部観光局に執業證を申請し業務を開始できる。導遊人員が業務する際は、執業證を胸の前などわかりやすい場所につける。

　また、「専門職業及び技術人員試験導遊人員試験規則」第4条により、受験者は専門職業技術人員考試法第8条第1項の各項目に当てはまる場合や、導遊人員管理規則第4条の各項目にあてはまる場合は受験資格がない。

4-9　旅行契約と保険

(1)　旅行契約

　台湾の旅行業で団体旅行や個別旅客旅行を行う際は、旅客と旅行契約を交わさなくてはならない。旅行契約の背景になる法源は、①民法、②消費者保護法、③公平取引法[57]、④発展観光条例と旅行業管理規則である。それぞれの法における旅行契約に関する規定は以下のとおりである。

(2)　民法による規定

　1990年6月13日、民法第2編第2章第8節「旅遊」第514-1条から12条までに、旅行契約の締結について守るべき規定を以下のとおり定めている。

> ①　定　義
> 　旅遊営業人とは「旅客に旅行サービスを営業することで旅行代金を受け取る人」と定義される。旅行サービスとは旅程、宿泊、交通手段、ガイド、その他関連サービスを手配することをいう（民法、第514-1条）。
> ②　書面の記載事項
> 　書面にて以下のことを明記し旅客に交付する（民法、514-2条）。
> 　1. 旅遊営業人の名称と住所
> 　2. 旅客名簿
> 　3. 旅行目的地と旅程

---

[57]　公正取引法の意味。

    4. 旅遊営業人が提供する交通、食事、宿泊、ガイド、その他サービス
    5. 旅行保険の種類と金額
    6. その他関連事項
    7. 作成日

旅遊営業人が提供する旅行サービスは一般的価値と約定品質を保たねばならない（民法、第514-6条）。

① **契約解除についての規定**
  1. 旅遊営業人
    旅行は旅客の行為があって成立する。旅遊営業人は期間を設け旅客に催促することができる。期間が過ぎても旅客が行為を行わないのであれば、旅遊営業人は契約を解除し損害額を請求することができる。旅行開始後行為を行わない旅客に対し、旅遊営業人は契約を解除すことができる。この場合、旅客は旅遊営業人に出発地に戻るよう要求することができ、その費用は出発地に戻ってから利子付きで支払うことになる（民法、第514-3条）。
② **旅行内容の変更**
  正当な理由がない限り旅遊営業人は旅行内容を変更できない。正当な理由で旅行内容を変更する場合、費用が少なくなった分は旅客に返金し、多くなった分は旅客から徴収できない（民法、第514-5条）。
③ **旅客の要求**
  1. 旅行サービスが一般的価値や約定品質に達していない場合、旅客は旅遊営業人に改善を求めることができる。旅遊営業人が改善しない場合、旅客は費用の減少を求めることができる。酷い場合は解約することができる。また、費用の減少や解約以外損害賠償請求もできる（民法、第514-7条）。
  2. 旅遊営業人の責任において約定どおり旅程を行っていない場合、旅客は無駄になった時間をそれに値する金額で損害賠償請求できる。ただし、その1日でもらう賠償金額は旅行費用の毎日の平均額を超えてはならない（民法、第514-8条）。
  3. 旅行終了までに旅客はいつでも解約ができる。ただし、解約による損害を旅遊営業人に賠償する（民法、第514-9条）。
④ **その他旅遊営業人が守るべきこと**
  1. 旅行参加者の変更

旅行開始前、旅客は旅行に参加する人を第三者に変更することができる。正当な理由がある場合以外、旅遊営業人は断ることができない。変更により生じた費用は旅客に請求できる（民法、第514-4条）。
2. 旅行期間中のサポート
　　旅客が旅行途中に身体や財産上の事故があった場合、旅遊営業人は必要な支援をする。事故が旅遊営業人に責任がない場合、支援で発生した費用は旅客が負担する（民法、第514-10条）。
3. 物品購入
　　旅遊営業人に連れていかれた店舗で購入した商品に不具合や瑕疵があった場合、商品購入後1か月以内に、旅遊営業人にその後の対応をサポートするよう請求することができる（民法、第514-11条）。
4. 請求権の期限
　　旅行費用増、減少、返金の請求権、損害賠償の請求権、立替金請求権の有効期限は旅行終了日や終了すべき日から1年で終了する（民法、第514-12条）。

(3) 消費者保護法による規定

　1983年2月5日に発表された消費者保護法第1条により、消費者の利益、国民消費生活安全、国民消費生活品質を守るために消費者保護法が成立した。消費者保護法施行細則第2章「消費者権益」第2節「定型化契約」が旅行業の契約書である。その内容は消費者保護法で消費者の利益を守るよう規定されている。

① 定　　義
　定型化契約とは、企業などが作成した定型化契約約款を契約内容の全部や一部とする契約である。
② 規　　定
　特に重要な規定は以下のとおりである。
1. 30日以内の契約審査期間を明記
　　企業が消費者と定型化契約を結ぶときは、内容確認のため30日の審査期間が与えられる（消費者保護法、第11-1条）。
2. 信義誠実と互恵平等の原則
　　定型化契約は信義誠実と互恵平等の原則に反してはいけない。消費者に

不公平だと判断された場合契約無効となる（消費者保護法、12条）。また、信義誠実に違反しているかの判断は、契約の性質、目的、内容、取引習慣等で判断する（消費者保護法、施行細則13条）。

3. 契約に記載されないもの

定型化契約に記載していない約款は、企業が消費者に明示しなければならない（消費者保護法、13条）。

4. 消費者の予測できない約款

定型化契約に記載していない約款で、一般の消費者が予測できないものは契約にならない（消費者保護法、第14条）。

5. 定型化契約無効約款

定型化契約の約款が、個別条款[58]に反した部分は無効とする（消費者保護法、第15条）。

6. 記載事項

中央主管機関は特定業種に定型化契約記載事項について規定することができる。規定に違反した定型化契約約款は無効とする。定型化契約を使っている企業に、主管機関は随時抜き打ち検査する（消費者保護法、第17条）。

（4） 公平取引法による規定

1989年11月23日に発表された公平取引法第1条により、取引の秩序と消費者の公益、公平競争、経済の安定と繁栄を守るため公平取引法が成立した。公平取引法のなかで旅行契約に関連するものは、以下のとおりである。

① 業者による公平取引行為の違反

公平取引法第24条により、本法が規定している以外の取引秩序に影響する不公平競争行為を行ってはならない。不公平競争行為とは次のような行為をいう。

1. 重要事項を隠して取引相手と取引する行為。
2. 競争相手の取引機会を無くすような詐欺行為。
3. 取引相手に圧力をかけ自由に決めさせないような不公平行為。
4. 公平取引法に違反したときの罰則と法律責任

---

58 契約当事者の互いの合意のもとで作られた契約条項。

公平取引法第42条により、公平取引委員会は法律の規定に違反する者に対し、期限を定めて当該行為の停止、修正または必要な措置を命ずる。5万元以上2,500万元以下の罰金を課すことができる。事業者が従わない場合、該当行為が修正されるまで引き続き必要な措置を命ずるとともに、さらに10万元以上5,000万元以下の罰金を課すことができる。

(5) 発展観光条例と旅行業管理規則による規定

① 発展観光条例
発展観光条例第29条により、旅行業が団体旅行や個別旅客旅行業務を行うとき、旅客と書面契約を結ばねばならない。契約内容、記載事項などは中央主管機関が定める。旅行業は中央主管機関が定めた契約書を掲載し、プリントしたものと領収書を旅客に渡した者は旅客と契約を結んだことになる。

② 旅行業管理規則
旅行業管理規則第24条により、旅行業が団体旅行や個別旅客旅行業務を行うとき、旅客と書面契約を結ばねばならない。団体旅行契約書は以下の内容を明記し、交通部観光局の審査を受け実施できる。

1. 書面契約記載事項
    1. 会社名、住所、代表人姓名、旅行業免許番号と登記番号
    2. 契約場所と契約日
    3. 旅行目的地、行程、出発と到着の場所と日程
    4. 交通、宿泊、食事、遊覧場所など行程中のサービスの詳細説明
    5. 旅行団体の最低出発人数
    6. 旅行料金と支払い条件
    7. 旅客が契約を解除する条件
    8. 旅客事故や旅行業の契約違反による損害賠償責任
    9. 責任保険と契約履行保証保険など旅客の権益
    10. その他
2. 交通部観光局契約書テンプレート
    1. 旅行業管理規則第25条第1項により、旅行契約書テンプレート内容は交通部観光局が定める。旅行業が交通部観光局作成の旅行契約書テンプレートを使用している場合は交通部観光局の審査済みとみなす。
    2. 旅行業管理規則第25条第2項により、旅行業が旅行業務を行う際、旅客に交付する書類と領収書は1式2部とし、旅客が署名した旅行契

> 約書と一緒に規定場所で1年間保管しなければならない。
> 3. 国外旅遊定型化契約

1994年12月12日、交通部観光局が発表した海外旅行定型化契約の概要は以下のとおりである。

> 第1条　海外旅行の定義
> 第2条　適用範囲
> 第3条　団体名と行程
> 第4条　集合および出発地、時間
> 第5条　旅行費用および支払方法
> 第6条　旅客が旅費滞納時の効力
> 第7条　旅客との協力義務
> 第8条　旅行費用に含まれる項目
> 第9条　旅行費用に含まれない項目
> 第10条　最低催行人数
> 第11条　ビザ代行と航空券購入
> 第12条　旅行社の過失による催行不可の場合
> 第13条　出発前の旅客任意契約解除および責任
> 第14条　出発前の法定原因による契約解除
> 第15条　出発前の客観的危険による契約解除
> 第16条　領隊（ツアーリーダー）
> 第17条　旅券の保管と返還
> 第18条　旅客の変更権
> 第19条　旅行業務の譲渡（旅行社の変更）
> 第20条　海外旅行業の責任と帰属
> 第21条　賠償の代位[59]
> 第22条　旅行社の過失による行程変更の損害賠償
> 第23条　旅行社の過失による旅行不成立や旅客海外放置の損害賠償
> 第24条　旅行社の過失による行程延長の損害賠償
> 第25条　旅行社の悪意による旅客海外放置の損害賠償
> 第26条　旅行途中の不可抗力または旅行社の過失による旅程内容変更

---

[59] 損害賠償をした債務者が債権者の地位に代わって入ること。

第27条　責任の帰属
第28条　契約解除後の帰路手配
第29条　出発後旅客の任意契約解除
第30条　旅行社の支援義務
第31条　責任保険と履約保証保険
第32条　買物の瑕疵損害処理方法
第33条　誠信原則
第34条　争議処理
第35条　個人情報保護
第36条　契約合意内容の管轄裁判所
第37条　その他協議事項

（6）　旅行保険

　保険も契約行為のひとつである。旅行業管理規則第24条により、旅行業が団体旅行や個別旅客旅行を行うとき、旅客と書面の旅行契約を結ばねばならない。団体旅行の契約書に記載すべき事項は計10項[60]で、そのなかの第9項は「旅客の利益に関する責任保険と契約履行保証保険」である。よって、この2つの保険は強制的である。その他任意で旅客が自由にかける旅行平安保険がある。保険契約の背景になる法源は、①保険法、②発展観光条例と旅行業管理規則である。それぞれの法における保険契約に関する規定は（7）のとおりである。

（7）　保険法による規定

　1990年6月6日に発表された保険法第1条により、当事者が約束し、片方が保険費用を第三者に支払い、不可測や不可抗力による事故が起きた場合の損害に第三者から賠償する行為を保険とし、その契約を保険契約と定義する。保険法第95条により、責任保険人は被保険者の通知をもって直接第三者に賠償金額を支払うことができる。契約履行保証保険では第三者は旅客、被保険人は旅行社、責任保険者は保険会社である。

60　P90の書面契約記載事項参考。

(8) 発展観光条例と旅行業管理規則

　発展観光条例第31条により、観光旅館業、旅館業、観光遊楽業、民宿経営者、旅行業は各業務を行う際、規定によって「責任保険」をかけなければならない。各業者がかけるべき保険範囲と金額は中央主管機関が決定する。「契約履行保証保険」は旅行業が国内・海外旅行業務を行う際にかけなければならない。保険法第13条第1項規定の「旅行平安保険」を入れると保険は3種類になる。各保険の内容は以下のとおりである。

> ① **責任保険**
> 　旅行業管理規則第53条第1項により、旅行業が団体旅行、個別旅客旅行、海外観光団体の受け入れ業務を行う際、責任保険をかけなければならない。最低保険範囲と金額は次のとおりである。
> 1. 傷害死亡の場合：1人200万元
> 2. 傷害治療費用：1人3万元
> 3. 旅客の親族が海外に向かうもしくは来台する費用：10万元
>   国内旅行の場合：5万元
> 4. 身分証明書、旅券など書類の紛失の場合：1人2,000元
>
> ② **契約履行保証保険**
> 　旅行業管理規則第53条第2項により、旅行業が国内・海外旅行業務を行う際、契約履行保証保険をかけなければならない。最低保険金額は次のとおりである。
> 1. 総合旅行業：6,000万元
> 2. 甲種旅行業：2,000万元
> 3. 乙種旅行業：800万元
> 4. 総合・甲種旅行業が支社を設立する度に400万元、乙種旅行業は200万元を追加しなければならない。
>
> 　契約履行保証保険の補償範囲は、旅行業が財務問題で手配した旅行活動の全部もしくは一部が履行できないときに保険保証金額範囲内で旅客に費用を支払う。
>
> ③ **旅行平安保険**
> 　旅行契約の行程外における旅客の費用補償等、強制保険以外に個人が任意で加入する保険。一般保険会社が販売している保険を指す。

4-10　旅行品質保証と海外渡航危険情報

　旅行業が旅行品質を高めることにより、消費者の利益が守られ双方の紛争も減る。発展観光条例第43条により、消費者保護のため中央主管機関が以下のとおり公布する。

> 1. 保証金が押収された者。
> 2. 停業や営業廃止処分を受けた者。
> 3. 旅行業者自身が営業停止した者。
> 4. 旅行業を解散した者。
> 5. 証券取引所に取引拒否された者。
> 6. 責任保険や契約履行保証保険に入っていない者。

（1）　中華民国旅行業品質保証協会

　発展観光条例第40条と旅行業管理規則第63条「旅行業は交通部観光局の監督の下、観光公益法人を設立し旅行品質保証業務を行う」により、1967年10月に中華民国旅行業品質保証協会[61]を設立した。

①　設立趣旨

　　中華民国品質保証旅行業保証協会章呈[62]第3章により、協会の設立趣旨は旅行品質を高め消費者の利益を保護する。同章呈第6条により業務内容は以下のとおりである。

> 1. 旅行業が旅行品質を高めるよう支援すること。
> 2. 消費者利益の保証。
> 3. 旅行業が専門知識を高めるよう支援すること。
> 4. 旅行業宣伝を支援すること。
> 5. 旅行に関する情報を提供すること。
> 6. 旅行品質保証金の管理。
> 7. 旅行業者が旅行契約違反の際、納めた協会の保証金から消費者に賠償する

61　略称はTQAA（Travel Qulity Assurance Association）
62　規則、定款

こと。
8. 観光発展に貢献した者を表彰すること。
9. 旅行品質を高める活動を行うこと。

　また、旅行業管理規則第22条第2項「消費者が参考になるよう、旅行業の航空券、宿泊、交通費用の市場販売価格は中華民国旅行業品質保証協会がシーズン毎に発表する」により、市場調査業務も業務のひとつである。

② 組　　織

1. 会　　員
　協会章呈第7条第1項により、当協会会員はすべて団体会員である。協会章呈第7条第2項により、中央観光主管機関にて免許証を取得している旅行業は申請書を提出し、協会理事会にて審査を受け、会費および旅行品質保証金を納めた後入会することができる。協会章呈第7条第3項により、それぞれの会員は代表1名が必要である。協会章呈第16条により、当協会は会員大会を最高権力機関とする。

2. 理　事　会
　協会章呈第18条により、理事会は理事35名、理事候補11名、任期3年、再任が可能である。理事が常務理事から1名選出し理事長とする。理事長の再任は1回のみである。協会章呈第16条により、理事会は執行機関会員大会が閉会しているときに代わって業務を執行する。

3. 監　事　会
　監事会は監事11名、監事候補3名、常務監事より1名を招集人とし、監事会主席を担当する。任期3年、再任が可能である。監事会は監察機関である。

4. そ　の　他
　秘書長1名、スタッフ若干名。

③　旅行品質保証金

　1986年10月13日、中華民国旅行業品質保証協会弁事[63]細則第9条により、会員加入した者は旅行品質保証金を納めなくてはならない。保証金は永久基金と連合基金の2種類になる（表4-6）。

63　事務取扱の意味。

表4-6 旅行品質保証金

種別		永久基金	連合基金
総合旅行業		10万元	100万元
甲種旅行業		3万元	15万元
乙種旅行業		1万2,000元	6万元
支社	総合旅行業		3万元
	甲種旅行業		3万元
	乙種旅行業		1万5,000元

出典：中華民国旅行業品質保証協会　会員入会資格より作成

④　消費者訴訟案件

　中華民国旅行業品質保証協会弁事細則第5章第17条から第25条により、協会会員の契約違反によって消費者の利益が損なわれた際、消費者は協会に調停を申請することができる。申請する際には以下の内容を書面にて提出する。

---
1. 申請者の氏名、身分証明書番号、性別、年齢、住所。
2. 参加ツアー番号、旅行日程。
3. 会員旅行会社の名称、契約違反の事実経過や証拠。
4. 希望する賠償額とその根拠。

　中華民国旅行業品質保証協会弁事細則第21条により、受理された案件は協会が事実確認し、該当旅行業者と申請者を調停に呼び、調停委員会が調査した結果に基づき判断する。

　調停結果で賠償と決定した場合は、旅行業者が申請者に10日以内に支払う。期間が過ぎても支払われなかった場合は、旅行品質協会が旅行品質保証金から代わって賠償する。会員である旅行業者が倒産した場合、中華民国旅行業品質保証協会弁事細則第16条により、観光局に報告し会員権利を止め、賠償すべき金額は連合基金から支払う。

　中華民国旅行業品質保証協会弁事細則第22条により、以下の場合協会は賠償しない。

---
1. 原因が消費者にある場合。
2. 契約違反を証明できない場合。

> 3. 消費者と旅行業者が結託して保証金を詐欺しようとした場合。
> 4. 消費者の損害が旅行契約外の場合。
> 5. 旅行業の業務が政府許可範囲外である場合。
> 6. 消費者の損失が旅行契約履行保証保険やその他規定により賠償される場合。

　中華民国旅行業品質保証協会弁事細則第24条により、旅行契約の違反や損害賠償の発生が、消費者、旅行業者双方にある場合、過失程度の比例によってそれぞれ賠償する。

　中華民国旅行業品質保証協会弁事細則第24条により、協会が代賠償した場合、会員旅行会社は書面にて通知した日から7日以内に代賠償した金額を納付する。また、最高代賠償額は以下のとおりである。

> 1. 総合旅行業　1,000万元
> 2. 甲種旅行業　150万元
> 3. 乙種旅行業　60万元
> 4. 総合・甲種旅行業で支社のある者はそれぞれ30万元追加。
> 5. 乙種旅行業で支社のある者は15万元追加

　中華民国旅行業品質保証協会弁事規則第25条により、申請された案件は記録し毎月交通部観光局に報告する。観光局は必要に応じて抜き打ち検査を行う。また、会員除名、大会、会員資格喪失などが発生した場合、交通部観光局に報告する。

(2) 海外渡航危険情報

　中華民国外交部[64]が1987年7月8日に「国外旅遊警示参考資訊指導原則[65]」を発表した。外交部領事事務局に「国外旅遊警示と分級制度」を設けインターネットで公表した。

　国外旅遊警示参考資訊指導原則第3点、第4点により、海外渡航危険レベル、発表のタイミングは以下のとおりである。

64　日本の外務省にあたる組織。
65　海外旅行危険情報表示原則の意味。

表 4-7　海外渡航危険レベル

レベル	程度	警告内容	発表タイミング
灰色	軽	十分注意	毎月、あるいは状況により随時
黄色	低	安全に十分注意し、渡航の是非を検討	毎月、あるいは状況により随時
橙色	中	必要でない渡航は避ける	状況確認後、随時
赤色	高	渡航してはいけない	状況確認後、随時

出典：外交部領事事務局ホームページより作成

　海外実務の慣例で、旅客は海外渡航危険国への旅行をキャンセルしたいとき、原則、「国外旅遊定型化契約」第27条が適用される。その際、出発日までの日程をみて手数料が発生する場合がある。旅客が納得いかない場合は、交通部観光局、中華民国旅行業品質保証協会、中華民国旅行業商業同業公会宣告連合会に苦情を申し出ることができる。

4-11　台湾の旅行業の発展

　台湾の旅行業は、発展観光条例、旅行業管理規則などにより、旅行業の地位や業務の範囲の法整備が整っている。また、旅行経理人制度、領隊人員管理規則や導遊人員管理規則など、サービス産業の核をなす旅行業の人材育成とサービス向上に制度整備がなされている。さらに、先進国同様、消費者保護法や公平取引法において、法制度による消費者（旅客）保護を明確にしている。旅行会社保証金、責任保険、契約履行保証保険、旅行品質保証金などで、旅行会社の瑕疵や紛争被害に対する消費者への金銭的賠償に手厚い保証の壁を築いている。こうした制度によって、台湾の旅行業は近代的産業の地位を確立している。
　旅行業の沿革では、台湾の近代的旅行業の始まりが、清国の上海儲畜銀行が台北に旅行部を設置したことが始まりであったことは興味深い。現在も台湾中国旅行社という名称で、台北に立派な店舗を構え営業している。
　旅行業の種類と経営の部分では、特に日本の旅行業と違った商習慣は委託と代理である。基本的に旅行業ライセンスによる、ホールセラー[66]とそうでない

---

[66] 自社にて募集型企画旅行（パッケージツアー）を企画、造成し、他の旅行会社（リテーラー）に卸売販売する旅行会社をいう。

業務区分は同様であるが、日本の場合、旅行会社間で契約行為が必要であり、その内容は店舗の店頭に掲示している。ところが台湾の場合、旅行会社間の旅行商品販売は、業者間（電話一本）で話し合い、合意の後に旅客に同意をとりつけ、契約書に副署すれば、旅客への販売が成立する。著者が台湾に駐在していたころ、友人の台湾人が「海外旅行で空港に行くと、申し込んだ旅行会社が違っていた」といっていたのが印象的である。

　日本との違いとして、旅行業の人員では、旅行業経理人よりも領隊人員、導遊人員に重きを置いている。旅行業経理人はセミナー研修に参加し、その試験に合格しなければならないが、領隊人員、導遊人員のような国家資格試験ではない。領隊人員、導遊人員は、独自の管理規則が立法化され、資格試験は口述試験や実地試験といったカリキュラムが整備され国家資格となっている。ここで明らかになったことは、台湾交通部観光局が旅行業における現場のサービス品質を重要視していることである。

　日本における台湾人の領隊人員（スルーガイド）について、基本的には国家資格を持つ領隊人員が、旅程管理のみならず現地ガイド業務も兼ねて行っている。その背景には、①旅費コスト、②日本側中国語通訳案内士不足の問題がある。①は台湾では市場競争が激しく、日本側通訳案内士の業務を領隊人員が兼務することで費用が削減できる。②は同じ北京語でも台湾と中国大陸では発音や言い回しが違い、さらに台湾人旅客が求める「台湾人のメンタリティーを理解しているか」が旅行満足度を大きく左右させる。著者が実際に台湾人団体旅行に随行員として参加した経験から、日本の通訳案内士がこのような部分まで入り込むことは容易ではないと思われる。台湾のスルーガイドは、昼夜を問わずよく働き、旅客の心のひだまで入り込むようなサービスを行っており、この役目を日本人通訳案内士に求めるのは大変困難である。

　旅行業の契約で旅行業管理規則から受ける印象は、台湾の交通部観光局は、海外旅行について「団体旅行」を主眼として法整備がなされている。これは法整備の時期が、出張を除きレジャーとしての海外旅行がほとんど団体旅行であった時代的背景がある。レジャーとしての個人旅行が団体旅行よりも増加している現在、個人旅行に対する法整備が今後の課題である。

　著者が経験した例がある。台湾駐在のある日、交通部観光局から業務の抜き打ち検査があった。検査内容の主業務は、団体旅行の契約が適正に旅客となされているかの書類チェックであった。著者の会社は、当時個人型パッケージが

団体旅行より取扱いが多く、旅客との契約行為を行う書類がなく懸念していた。検査後、交通部観光局からは「個人型パッケージは、旅行ではなく票券類（チケット販売）とみなす」とコメントを受け、大変驚いたのを記憶している。

　ここで明らかになったことは、台湾では発展観光条例27条1項における「海、空、陸の運輸事業の票券代行販売を行う」という条例が個人型パッケージに適用されているということである。よって、旅行業でなければ旅行業務を行ってはならないが、「票券販売代行は例外である」といった規定があり、台湾では中華航空のダイナスティーパッケージや、エバー航空のエバージョンのように航空会社が自社内で個人型パッケージを企画造成している。日本では個人型パッケージは、企画旅行商品と見なし、航空会社ではなく傘下の旅行会社が行っている。

　原則として個人型パッケージに参加した旅客は、責任保険や契約履行保証保険適応対象外である。著者はその後、自社独自で契約条件の整備や旅行平安保険（任意保険）を商品内容に含める対策をとった。これには、著者の会社で個人型パッケージを購入した旅客が成田空港で突然死した事件が背景にあった。もちろん、旅行業管理規則上は旅行ではなく票券類の販売であったため、自社に責任の瑕疵はないものの、旅客に対して何もできなかったといった苦い経験によるものであった。

　次章では台湾の旅行業界における訪日旅行に焦点をあて考察する。訪日旅行の現況、旅行業界の商習慣、旅行形態別の特徴を著者の経験も踏まえて説明する。

第 5 章　台湾の訪日旅行

　2017 年度の台湾人の海外渡航先第 1 位は日本である。中国大陸と香港を合わせれば広義の意味で中国が 1 位であるが、親族訪問や大陸に推定 200 万人が駐在している台湾人のビジネス渡航を考慮に入れると、純粋に観光目的地として日本は間違いなく第 1 位で、そのシェアは 3 割になる（図 5-1）。このように大きなシェアを持つ日本路線を、台湾の旅行業界では「永遠のデスティネーション」または「黄金路線」と呼ぶ。この言葉が意味することは、訪日旅行をいかに成功に導くかが旅行会社の経営の成否を決めるもっとも重要な課題である。

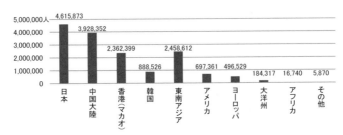

図 5-1　2017 年度　出国台湾人渡航先人数
出典：中華民国交通部観光局　観光統計「中華民国国民出国目的地人数統計」より作成

5-1　訪日旅行の沿革

　1979 年に海外旅行自由化（共産圏は除く）が始まって以降、台湾の訪日旅行者数の推移は大きく分けて 5 つの山があった（図 5-3）。
　① 　海外旅行自由化（1979 年〜1988 年）
　海外旅行が解禁（共産圏は除く）され、年間渡航者が 100 万人時代（日本は約 30 万人）を迎えた。1 人あたりの名目 GDP は 1987 年に 5,000 ドルを超えた。この時期は、アメリカ、ヨーロッパ、日本など、「さまざまな地域に行きたい」と考える時代であった。

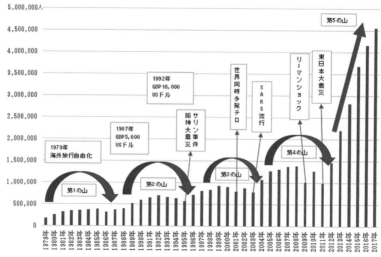

図 5-2　1979〜2017 年度　訪日台湾人旅行者数

GDP は「1 人あたり名目 GDP」
出典：JNTO 国・地域別訪日外客数および IMF 統計より作成

② **好景気（1989 年〜1997 年）**

1 人あたりの名目 GDP は 1992 年に 10,000 ドルを超えた。折からの好景気を追い風に、海外旅行が年間 300 万人から 600 万人へと大きく伸び、大衆化時代を迎えた。

③ **日本ブーム（1998 年〜2003 年）**

1999 年「哈日族（ハーリーズー）」と呼ぶ若い日本好き世代が現れる。この時期、台湾の民主化が本格化し、日本向け個人旅行パッケージが誕生した。北海道ブームの始まりもこの時期である。

④ **多様化（2004 年〜2012 年）**

訪日旅行が従来型団体パッケージツアーだけでなく、都市部を中心に個人型パッケージが主流となった。また、教育旅行やゴルフ・スキーなどのテーマ旅行（SIT[67]）、インセンティブツアー（MICE[68]）など、訪日旅行の多様化が始まった時代であった。

67　Special Interest Tour の略称。
68　Meeting（会議）Incentive（報奨）Convention（会議）Exhibition（展覧会）の略称。

⑤ 日常化（2013年〜現在）

アベノミクスによる円安、LCC[69]の参入、地方航空路線の充実、クルーズ船の増加など、それまで年間150万人前後であった訪日旅行は2017年に450万人を突破した。また、インターネット宿泊サイトを利用した個人旅行客が増え、訪日旅行は台湾人にとって日常の延長線上のような旅へと移り変わっている。

5-2 訪日旅行の現況

日本政府観光局（JNTO）および観光庁の統計データによると、最近の台湾人訪日旅行については以下のとおりである。

① 台湾人旅行者数の動向

2003年から10年間150万人の壁を超えることがなかった旅客数が、2013年を境に爆発的な伸びを示し、2017年度は3倍の450万人を超え、2018年度はさらに500万人に達する勢いである（図5-3）。

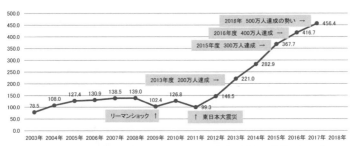

図5-3　2003〜2017年度　訪日台湾人旅行者数の推移（万人）
出典：JNTO 国籍別訪日外客数（2003年〜2017年）より作成

② 台湾人旅行者の月別傾向

台湾人旅行者の月別旅行者数を比較すると、明らかに需要が弱いと思われる12月を除き、毎月35万人以上が日本を訪れている。オフピーク格差が2015年には約15万人あったが、2017年度においては約13万人に縮小するなど、年間を通じてまんべんなく訪れている。これは、台湾における祝日数の増加と

69　Low Cost Carrier の略称。効率化によって運航費用を低減、サービスを簡素化し低価格を提供する格安航空会社。

年休消化率の高さが背景にある（図5-4）。

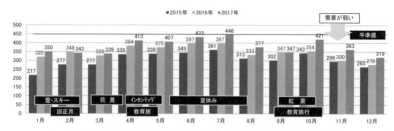

図5-4　2015〜2017年度　月別訪日台湾人旅行者数（千人）
出典：JNTO　国籍／月別訪日外客数（2015年-2017年）より作成

③　台湾人旅行者の滞在日数と訪日回数

　台湾人の日本滞在日数は4〜6日間が圧倒的である。これは、航空会社の旅行代理店向け座席が平均5〜6日間のパターンで設定されていることも要因のひとつである。また、訪日回数は、初回が全体の20％、2回以上が80％を占め完全にリピーター・マーケットである（図5-5）。

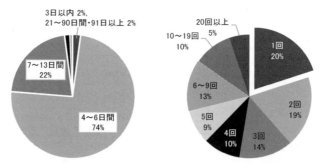

図5-5　2017年度　訪日台湾人旅行者滞在日数（左）と訪日回数（右）
出典：観光庁　訪日外国人消費動向調査　観光・レジャー目的より作成

④　台湾人旅行者の年齢層と旅行スタイル

　台湾人旅行者の年齢層で最大ボリュームゾーンは30代で、その後20代、40代、50代と続き、20代〜50代でシェア91％を占める。晩婚化が進む台湾では30代は可処分所得も高く民主化後の学校教育世代である。小中学校のときには日本のアニメや漫画に触れ育ったことも影響している。また、訪日台湾人の旅行スタイルは、2つのカテゴリーに大きく分かれる。1つ目は、最大ボ

リュームである家族、親族、夫婦などの「ファミリーツアー」で、2つ目は、友人、職場の同僚、パートナーなどの「フレンドツアー」である（図5-6）。

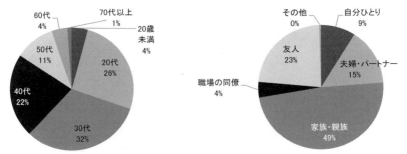

図 5-6　2017 年度　訪日台湾人旅行者年齢層と旅行スタイル
出典：観光庁　訪日外国人消費動向調査　観光・レジャー目的より作成

⑤　台湾人旅行者の旅行形態

台湾人の訪日旅行形態は、個人旅行全体（個人型パッケージ＋個別手配）が64％と団体旅行を上回っている。また、個別手配が48％と全体の約半分のシェアである。これは、近年LCCの増加により、インターネットを通じた航空券手配や宿泊サイトによる予約の浸透が背景となっている（図5-7）。

図 5-7　2017 年度　訪日台湾人旅行者の旅行形態
出典：観光庁　訪日外国人消費動向調査　観光・レジャー目的より作成

⑥　台湾人旅行者の地方別滞在状況と都道府県別滞在状況

国土交通省地方運輸局管轄区域別で訪日台湾人の延べ宿泊者数比率でみると、関東、近畿地方に半数が滞在し、残りの半数がその他地方に滞在している（図5-8左）。そのなかでも東北、中国、四国地方は3地方の合計で全体の6％、それぞれ中部、北陸信越地方なみのシェアしかなく、この3地方への誘客が今後の課題である。また、台湾人旅行者を都道府県別延べ宿泊者数比率でみると、東京、大阪、北海道、沖縄4都道府県で全体の半数を占める。また、京都、千

葉、福岡、長野、兵庫、愛知6府県を含め上位10都道府県で全体の約4分の3を占める。注目すべき点は、東京、大阪を合わせたシェアは30％であり、残り70％がそれ以外の地域に分散していることである。(図5-8右)。

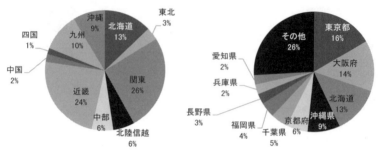

図5-8　2017年度　訪日台湾人地方別滞在状況と都道府県別滞在状況
出典：観光庁　宿泊旅行統計調査より作成

台湾人に人気の観光スポット
浅草寺や明治神宮などのほか、渋谷センター街や道頓堀などの繁華街の人気が高い

5-3　日本と台湾路線の現況

　台湾訪日旅行者数の増加に伴い、日本と台湾間を運航する航空機の就航便数も飛躍的に伸びている。2014年度から2016年度の3年間、日台間を運航した定期便とチャーター便の推移を比較してみた。その傾向を見ると、チャーター便数は2014年度をピークに毎年下がり続けているが、逆に定期便が増え続けている（図5-9）。

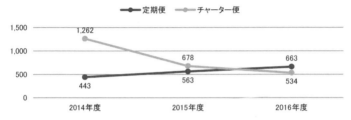

図5-9　2014〜2016年度　台湾発日本向け就航便数推移【単位：便数】
出典：国土交通省　国際線就航状況より作成
期間：（定期便）2014年冬ダイヤ、2015年、2016年夏ダイヤの週間直行便数
　　　（チャーター便）各年度4月1日〜翌年度3月31日　年間便数
注記：便数計算は出発便を1便、到着便を1便として計上

　これはプログラムチャーターで運航していた一部路線が翌年度以降定期便化され、その分チャーター便数が減っていることがうかがえる。例をあげると、2014年度の年間チャーター便数は1,262便に対し、2015年度は678便へと約半減している。その中身をみると、2014年度チャーター便であった新千歳−

台湾からのチャーター機（タイガーエア台湾）と歓迎を受ける旅行者
（出典：いわて花巻空港）

表 5-1　2014～2016 年度　台湾発日本向けチャーター便実績【単位：便数】

2014 年度 空港	都市	便数	2015 年 空港	都市	便数	2016 年 空港	都市	便数
北海道			北海道			北海道		
中標津空港	台北	4	釧路空港	台北	16	帯広空港	台北	22
帯広空港	台北	4	帯広空港	台北	4	小計		22
新千歳空港	台北	4	女満別空港	台北	4	東北		
	高雄	189	小計		24	青森空港	高雄	4
	台中	65	東北			秋田空港	台北	61
小計		266	青森空港	台北	42	花巻空港	台北	36
東北			秋田空港	台北	33	山形空港	台北	18
青森空港	台北	35	花巻空港	台北	40	仙台空港	台北	4
秋田空港	台北	38		高雄	6	福島空港	高雄	1
花巻空港	台北	98	庄内空港	台北	8		台北	21
庄内空港	台北	4	山形空港	台北	33	小計		145
山形空港	台北	14	福島空港	台北	12	北陸		
福島空港	台北	24	小計		174	新潟空港	台北	118
小計		213	北陸			能登空港	台北	32
北陸			新潟空港	台北	24	小計		150
新潟空港	台北	35	能登空港	台北	26	関東		
富山空港	高雄	1	小計		50	成田空港	台北	2
能登空港	台北	24	関東			小計		2
小松空港	高雄	14	茨城空港	台北	4	中部		
小計		74	羽田空港	台北	8	中部空港	台中	27
関東			小計		12	小計		27
茨城空港	台北	4	中部			中国		
羽田空港	高雄	2	静岡空港	高雄	1	鳥取空港	台北	4
小計		6	中部空港	台北	2	出雲空港	台北	8
中部			小計		3	山口宇部空港	高雄	6
静岡空港	高雄	12	関西			小計		18
中部空港	高雄	88	関西空港	台中	12	四国		
小計		100	小計		12	高松空港	高雄	20
関西			中国			高知空港	台北	4
関西空港	高雄	48	鳥取空港	台中	4	松山空港	高雄	4
	台中	244		台南	4		台北	8
南紀白浜空港	台北	4	岡山空港	台北	8	小計		36
小計		296		台中	4	九州		
中国			米子空港	台北	4	北九州空港	台北	6
鳥取空港	台中	4	出雲空港	台北	4	大分空港	台中	116
岡山空港	台北	4	山口宇部空港	台北	4	熊本空港	台北	4
	高雄	8	小計		32	佐賀空港	台北	8
	台中	4	四国			小計		134
米子空港	台北	8	高松空港	台中	2	総計		534
出雲空港	台北	6	高知空港	台中	2			
石見空港	台北	6	高松空港	台北	10			
山口宇部空港	台北	8	小計		14			
小計		48	九州					
四国			北九州空港	高雄	83			
高知空港	台中	8	福岡空港	高雄	54			
松山空港	台北	15	大分空港	台中	14			
小計		23	長崎空港	台中	32			
九州			熊本空港	高雄	174			
北九州空港	台北	4	小計		357			
福岡空港	高雄	8	総計		678			
大分空港	台北	8						
長崎空港	台北	4						
	台中	14						
熊本空港	台北	8						
	高雄	188						
徳之島空港	台北	2						
小計		236						
沖縄								
那覇空港	高雄	275						
新石垣空港	台北	69						
小計		344						
総計		1262						

（＊定期便化）

出典：国土交通省　国際線就航状況　国際チャーター便　2016 年度より作成
対象期間：各年度年 4 月 1 日～翌年度年 3 月 31 日　＊貨物便を除く旅客便
注記：便数は出発便を 1 便、到着便を 1 便として計上

高雄便、関西空港－高雄便、那覇－高雄便など、年間合計 512 便が 2015 年度定期便化している。1,262－512＝750 便であるから、翌年度 678 便のチャーター便数は妥当な減少である。定期便化した新千歳－高雄便は週 5 便、関空－高雄便は 3 社参入週 17 便、那覇－高雄便は週 7 便の合計週 29 便×52 週＝年間 1,508 便増加している。むしろ定期便化により日台間の就航便数がさらに増加している（表 5-1）。

5-4　旅行会社

　台湾の旅行業界は旅行会社数 3,000 社以上がひしめく競争の激しい市場である。旅行会社の浮き沈みも大きく、どこかの会社がなくなってもすぐ新たな会社が生まれるといった雨後の竹の子のような状況にある。これは、机ひとつ、電話ひとつで始められるといった業界への参入障壁が低いことが背景にある。また、他業界に比べると賃金レベルや福利厚生で見劣りするため、旅行業の社会的地位は高くない。しかし、その厳しいマーケットゆえ、利益の源泉である訪日旅行拡大に切磋琢磨し大きく貢献してきた。台湾マーケット独特の商習慣も交え、訪日旅行における旅行業界の取り組みを説明する。

旅行会社の入るビル

5-5　旅行会社の概況

（1）　売上規模

　台湾の旅行会社の売り上げや取り扱い規模を知ることは難しい。著者は情報を得るために中国の交通部観光局にアプローチしてみたが、そのような資料は存在しなかった。旅行会社のほとんどが未公開企業で家族経営が多く、その実態を把握するのは難しい。ただ、最近は大手を中心に株式公開をする企業が増えてきたため、若干ではあるが、その規模感が掴めるようになった。詳細は以下のとおりである（表 5-2）。

表 5-2　2014 年度　台湾代表的旅行会社 10 社の概要

【単位：億台湾元（1 台湾元≒ 3.7 日本円）】

売上規模	旅行会社名	売上（上段）利益（下段）	店舗数	株式公開	特徴
100 億超	雄獅旅行社 Lion Travel Service	176.9 / 0.4	79	株式公開	旅行会社最大手。オンライントラベル No.1 企業
	康福旅行社 Cola tour	157.4 / 非公開	20	非公開	現在、台湾旅行業界で成長性高いとされている。プロモーションに非常に注力している。
	東南旅行社 South East Tour	114.0 / 非公開	65	非公開	台湾の伝統ある老舗企業。台湾の JTB とも呼ばれている。
	易遊網旅行社 EzTravel	104.9 / 非公開	23	非公開	雄獅旅行社と並ぶオンライントラベル大手。近年中国の Ctrip 傘下に入る。
100 億以下	山富国際旅行社 Richmond Travel	50.9 / 0.7	13	株式公開	かつては、米州行き団体旅行で成長した。日本路線は団体旅行が中心。
	五福旅行社 Life Travel	48.7 / 0.7	20	株式公開	台湾南部最大手企業。団体旅行が中心。
	燦星国際旅行社 Star Travel	31.1 / 0.29	3 (73＊)	非公開	オンライン系旅行会社であるが、韓国系の家電店 3C をバックに店舗展開。店舗の（数＊）は家電店内カウンター数。
	鳳凰旅行社 PHOENIX TOURS	28.8 / 1.2	7	株式公開	台湾では歴史の古い老舗企業。旅行業界で初めて株式上場を果たした近代的企業。
20 億以下	易飛網国際旅行社 Ezfly	16.1 / 0.5	3	株式公開	始まりは、遠東航空の国内線航空券を扱う旅行会社。現在はオンラインに注力し、株式公開を果たした。
	創造旅行社 Creative Travel Taiwan	9.2 / 非公開	3	非公開	1990 年日本アジア航空の子会社として誕生。日系アウトバウンド専門旅行会社の先駆である。

出典：上場企業財務数字は各社 IR 資料、非公開はユーロモニター、各種報道より作成

(2) 経営スタイル

　台湾の訪日旅行を取り扱う旅行会社は、経営スタイルによって 5 つのカテゴリーに分かれる。内容は以下のとおりである。

① 総合大手旅行社

東南(ドンナン)（SET）・康福(カンフー)（Cola）・華泰(ホアタイ)（GROLIA）・五福(ウーフー)（Life）・山富(サンフー)（Richmond）などがある。

　台湾において規模の大きい総合旅行会社である。そのなかでも東南(ドンナン)旅行社（South East Travel）は歴史も古く、台湾全土に店舗を展開しており、台湾における JTB のような存在である。康福(カンフー)旅行社（Cola tour）は、ネットを中心に業績を伸ばし、現在 OTA の代表である雄獅(シヨンスー)旅行社と業界トップを争う地

日本路線を販売する旅行会社

位にある。五福旅行社（Life Travel）は「台湾南部の巨人」と呼ばれ、南部台湾地区ではトップの地位を維持している。華泰旅行社（GLORIA TOURS）と山冨国際旅行社（Richmond Travl）は、価格競争力の高い団体旅行商品販売で有名である。

② 団体販売主体旅行社

大興（THASIN）・喜鴻（BEST）・上順（Fantasy）・信安（PEACE）・百威（BWT）・良友（Friendship）・大栄（DTS）・名生（MST）などがある。

日本路線の団体を中心に、航空会社のキーエージェント[70]であり、日本のなかでも特定の地域における団体旅行商品造成に強みを持った旅行会社である。大興旅行社（DHASIN TRAVEL）や喜鴻旅行社（BEST TOUR）は、エバー航空をメインに北海道、九州方面が強い。上順旅行社（FANTASY TOURS）は、「加賀屋」など高級旅館を利用した特色ある商品を展開している。信安旅行社（PEACE TOUR）は全日空、百威旅行社（Best Way Travel）、良友旅行社（Friendship Travel）、大栄旅行社（DTS TOURS）、名生旅行社（MST TOUR）は、中華航空のキーエージェントである。百威旅行社は日本向けクルーズ商品（プリンセス・クルーズ）が強く、良友旅行社（Fiendship Tours）は台南地区に強みを持つ。大栄旅行社は沖縄線では業界トップといわれ、最近沖縄にレンタカー会社を設立するなど業容拡大を図っている。名生旅行社は、山形県、新潟県、長崎県において農家民泊商品を世に出すなど、ユニークな団体旅行商品を造成している。

③ 個人旅行専門旅行社

創造（CTT）・福泰（TRISTAR）・廣徳（Leon）などがある。

日本向け個人旅行専門旅行社御三家と呼ばれる。創造旅行社（Creative

---

[70] 航空会社より団体座席配分を受けた指定旅行社。P119 キーエージェント制度参照。

Travel Taiwan）は、びゅうトラベルサービスの子会社でキーエージェントである。また、福泰旅行社（TRISTER TOUR）は、全日空のキーエージェントとなっている。廣德旅行社（Leon tour & PKG）は、キーエージェントではないが、はとバスツアーなどユニークな個人旅行商品を展開している。

④ ハイブリッド型旅行社

金龍（DRAGON）・鳳凰（PHOENIX）・理想（Perfect）などがある。

旅行会社経営だけでなく、台湾に路線がない世界各国の航空会社のGSA[71]事業なども手掛け、企業集団を構成している。旅行産業の景気に左右されずに安定した経営基盤を構築している。金龍旅行社（DRAGON TOURS）は、台湾で初めて世界一周ツアーを実施した伝統ある旅行会社である。香港エクスプレスのGSAでもあり、カールソン・ワゴンリー[72]の台湾総代理店でもある。鳳凰旅行社（PHOENIX TOURS）は、台湾では初めて旅行会社として株式上場を果たした会社で、アリタリア航空、ニュージーランド航空などのGSA業務も行っている。理想旅行社（Perfect Travel）は、ネパール航空、アイスランド航空、ウズベキスタン航空など、複数の航空会社のGSAを行っている。3社ともに歴史は古く、創業時期の顧客は海外渡航ができる富裕層が多く、旅行事業として欧米方面が強い旅行会社である。日本向けツアーは、ハイエンドの顧客向けに10万元（約37万）を超す商品を販売している。

⑤ OTA（Online Travel Agent）

雄獅（Lion）・易遊網（EzTravel）・燦星（Star）・易飛網（Ezfly）などがある。

台湾のインターネット専門旅行会社は、2000年初頭勃興し急速にその規模を拡大していった。現在、ほとんどすべての旅行会社はインターネット経由の販売が主力となっている。先行者である雄獅旅行社（Lion Travel）と易遊網旅行社（EzTravel）の2社は、年間売上高100億台湾元（約370億円）を超え最大手の一角を形成している。燦星国際旅行社（Star Travel）は韓国系家電店3Cがオーナーで展開している。易飛網旅行社（Ezfly）はそもそも遠東航空国内線の予約をメインにスタートした会社で、燦星旅行社のスタッフを引き抜き、インターネットノウハウを構築し株式上場を果たした。

71　General Sales Agent（販売総代理店）
72　Carlson Wagonlit Travelとは、世界的なビジネストラベル企業。

(3) オンラインビジネス

台湾の旅行業界はホームページ、SNSなどのコミュニケーションツールをうまく使いこなし、それぞれの会社が社会の環境変化にうまく適応している。現在主流となったオンラインビジネス普及の背景や課題、現況は以下のとおりである。

① オンラインビジネス普及の背景

1）消費環境

台湾の旅行会社は、教育旅行などの専門領域に特化した旅行会社を除き、最近はホームページ主体のオンラインビジネスが主流である。そもそも台湾の消費者は旅行会社のカウンターに商品購入のために足を運ばない。台湾の市内を歩いても1階に旅行会社のカウンターがあるのは、オンライン専門会社のアンテナショップである。旅行会社のオフィスは昔から空中店舗が主体である。オンラインビジネスの普及以前は、新聞雑誌などを媒介としたメディア販売が普及していた。消費者は電話で問い合わせ、申し込みも郵送やFAXで行っていた。オンラインビジネス普及の消費環境がすでにできあがっていたのである。

2）低参入障壁

台湾の旅行会社は自社ホームページを続々立ち上げる。IT産業の盛んな台湾において、旅行会社のオンライン統合システムをカスタマイズ販売するIT会社が存在し、月々のメンテナンス費用も安い。自社独自で構築したい場合は、必要なITプログラマーの人的資源を探すのが容易である。台湾では優秀なプログラマーほど会社組織に属さず、フリーランスで仕事を請け負う職業習慣があり、オンライン構築にかかる費用は日本と比べ廉価で、中小の旅行会社でも大きな負担なく構築可能な環境である。

3）GDS[73]のサポート

旅行会社がオンラインビジネスに参入する際、最初に考えるビジネス成果は航空券の予約である。その予約システムを構築するためには、GDSが構築しているIBE[74]の導入サポートが必要である。台湾の旅行業界では、最大の市場

---

[73] Global Distribution Systemの略称。コンピュータを介した航空券、旅行商品等の予約システムの総称。
[74] Internet Booking Engineの略称。インターネット用航空券予約システム。

占有率を占めるGDSアバカス[75]（abacus）や第2位のアマデウス[76]（amadeus）が、積極的に旅行会社に対してAPI[77]を開放したことが、旅行業界のオンライン化が進んだ原因のひとつである。一方、日本では、市場占有率の高い日本航空や全日空それぞれのCRS[78]子会社は旅行業界に対してAPIの公開はしないため、航空会社ホームページによる直接予約が大きく普及している。

② オンラインビジネスの課題

一見すると参入障壁も低く、簡単にオンラインビジネスができる環境にあるが、2つの課題がある。本来オンラインビジネスを構築するためには、中台（ゾンタイ）（Middle System）上で商品データの入力、前台（チェンタイ）（Front System）上で顧客による購入と決裁、後台（ホウタイ）（Back System）上で経理システム反映がすべて自動化され、初めて「システム化」が完成する（図5-10）。

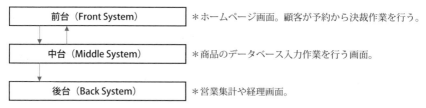

図5-10　オンラインシステム概念図

1つ目の課題は、最後の後台（Back System）について既存のパッケージソフトウェアのカスタマイズが難しく、完全に自動化させるためには自前で構築する以外にない。前台や中台は廉価で構築できるが、後台は経理システムのためプログラマーは経理に関する知識やデータベースの専門家が必要になり、費用も高いため大手の旅行会社でないと対応できない。現在、中小の旅行会社は、「完全自動化されたシステム」ではなく、「手入力作業の多い半システム」で対応している。

2つ目の課題は、「決裁機能」である。台湾は中国大陸から距離も近く、「偽

75　アジア地区で展開するリージョナルCRS。2015年5月15日、GDS大手のセーバー（Sabre）に買収された。
76　世界三大GDSのひとつ。マドリッドに本社を置くアマデウスITグループが所有。
77　Application Programming Interfaceの略称。すでにプログラム構築されたソフトウエアを共有する機能。
78　Computer Reservation Systemの略称。コンピュータを介した航空券の予約・発券システム。

造クレジットカード」や「スキミング[79]」による被害のリスクが高い。台湾の銀行は、あらかじめ構築したオンライン認証システムを導入しない限り、決済被害について企業に一切弁済保証はしない。

　銀行が構築した認証システムは、消費者にとって使い勝手が悪く、平均１件あたり約30分の時間を要するので途中で諦めてしまう人もいる。オンライン大手の雄獅旅行社（Lion Travel）などは、企業秘密でこの問題を解決しているが、中小の旅行会社ホームページでは、結局顧客に銀行振り込みといった手作業が生じている。

　③　オンラインビジネスの現況

　台湾旅行業界のオンラインビジネスは、100％近く旅行会社がホームページを通じてビジネス展開を行っている。近年のオンライン専門旅行会社における業績推移をみると、先発で最大手の雄獅旅行社（Lion Travel）は業績をさらに伸ばし、後発の中小は下がっている。大手と中小との規模の格差は広がっている（図5-11）。

図5-11　2014〜2016年度　台湾におけるオンライン旅行社の業績推移【単位：億台湾元（１台湾元≒3.7日本円）】
出典：各社IR資料より作成

（4）人　　材

　旅行会社の人材は転職が多く、著者が知る訪日旅行に従事している多くの友人は２回、３回と旅行会社を渡り歩いている。日本とは違い台湾はジョブポストによる給与設定であり、さらにいい待遇を得るために転職を重ねる習慣がある。台湾は、キャリアパスを重ね上昇していく人材のモバイル社会である。

79　クレジットカードの情報を盗み取ること。

（5）募集時期

台湾訪日旅行商品造成のきっかけとなるイベントは、旧正月、花見、夏休み家族旅行、紅葉・雪、旧正月であり、最近はそれにインセンティブ、教育旅行が追加される（表5-3）。

かつて台湾訪日旅行の年間のピークといえば、1月中旬から2月中旬にかけての旧正月期間（農歴によって毎年変わる）と、6月下旬から8月末までの学校休暇を利用した夏休み期間の2回であった。近年は花見、紅葉に加えインセンティブや教育旅行が大きく成長し、オフピーク格差がなくなりつつある。また、台湾における祝日の増加や、有給休暇取得の浸透もそれに拍車をかけている。旅行会社は、旧正月と夏休みに大きく利益を確保し、それ以外のシーズンは出血サービスといった旧来の経営から、年間まんべんなく利益を確保する経営への変換を迫られている。

表5-3　訪日旅行年間カレンダー

月	1月	2月	3月	4月	5月	6月	7月	8月	9月	10月	11月	12月
期間	←→			←→	←―――――――→				←→	←―――――→		
イベント	雪・旧正月			花見	インセンティブ 教育旅行		夏休み（家族旅行）		中秋節	国慶節・紅葉		
募集時期	11月末			1月末	1～3月（インセンティブ） 11～12月（教育旅行）		5月中旬		7月	8月末（紅葉） 4～5月（教育旅行）		

（6）ランドオペレーター[80]

訪日旅行が始まった初期のころ、台湾の旅行会社が造成する訪日旅行商品のランドオペレーター（地上手配）業務は、2000年度初頭まで日本で起業した台湾系企業が中心となってその業務を請け負っていた。その当時、日系企業で本格的に業務を担ってきたのは唯一JTBエイティシー[81]ぐらいである。背景としては、訪日インバウンドが今日のように大きなビジネスではなく日系旅行会社が本格的に参入する意志がなかったことや、言語、与信、支払決済期間の問題もあった。しかし、最大の要因は地上手配の利益を大きく左右するアジア

---

[80] 旅行会社の委託を受けて、旅行先での交通手段、宿泊、施設、食事、ガイド等の手配を行う業者、ツアーオペレーターともいう。
[81] その後2015年度にJTBグローバルマーケティング＆トラベル（JTBGMT）と合併し、存続会社はJTBグローバルマーケティング＆トラベルとなる。

向けインバウンドレート（客室価格）を、当時日本側のインバウンド受入れの宿泊施設が、日系旅行会社に開示することを躊躇したことにある。

　当時の日本側宿泊施設には大きく分けて宿泊レートが4種類あった。1番高いレートは定価であるラックレート[82]、2番目はホテルが直接企業と契約したコーポレートレート、3番目は日本の大手旅行会社の国内旅行企画商品などに提供していた割引レートである。欧米向けインバウンドレートはこの3番目辺りの価格であり、4番目にさらに低い割引額であるアジア向けインバウンドレートがあった。宿泊施設側からすると、日系旅行会社に国内企画旅行商品で提供している価格より低い価格を開示することは、混乱を招く可能性があり、台湾系ランドオペレーターにのみ提供していた。よって価格競争力の点でも台湾系オペレーターに対抗できなかった。著者が台湾で訪日事業に携わっていた際に、日本の大手航空会社系旅行会社に勤務する中国人がセールスに訪れ、「どうも日本のホテルにはインバウンドレートというのがあるみたいですね、最近まで知りませんでした」と言われたことが印象に残っている。

　2000年代初頭はジェイエスティ（JST）、日本周遊（JVS）、国際通運（OTTC）、総合ワールドトラベル、大栄トラベル東京といった台湾系（なかには香港系もある）ランドオペレーターが勃興した。やがて2000年代中頃には個人旅行を中心にインターネット予約システムを構築したBICO、AHNといった韓国系ランドオペレーターが台湾マーケットに参入した。その後JTB関西、日本旅行、近畿日本ツーリストなどの日系大手旅行会社が、個人旅行客の客室セールスを中心に、日本国内で展開していた自社手配システムを台湾側に開放するようになった。この背景には『じゃらん』、『一休』、『楽天』といったインターネット宿泊予約が日本国内で勃興し、宿泊施設アロット消化の埋め合わせをインバウンド旅客に求め始めたことも一因である。

　現在の台湾マーケットにおいて増大する訪日個人旅行は、LCCなどによる航空会社予約システムと世界的なサードパーティー[83]と呼ばれる宿泊サイトからの直接予約が台湾の消費者に浸透しつつある。日系大手旅行会社系システムは台湾旅行会社のホームページとAPIを開放してシステムリンクを行ってい

82　正規宿泊料金のこと。各種割引のないホテルのパンフレット等に記載された料金。
83　third partyとは「第三者」の意味。日本ではよくIT関係に使われる用語。旅行業界でも最近使用されることが増えた。従来の「旅行業者」「消費者」以外ITを利用して旅行産業に新規参入した企業の総称。例「Expedia」「agoda」「Hotels.com」などの宿泊サイト。

るが、日増しにサードパーティーがマーケットを凌駕しつつある。台湾系ランドオペレーターの現状について、日本における長い営業経験を誇るジェイエスティ（JST）の責任者にインタビューを行った。

── ランドオペレーター　インタビュー ──

【ジェイエスティ（JST）】
日時：2018年7月11日（木）16：30～18：30
場所：ジェイエスティ本社
インタビュー者：（株）ジェイエスティ　社長　潁川秀敏氏

内容：業績は会社全体としては悪くない。ただし、台湾マーケットについては旅行会社と宿泊施設間の直接取引が多く、それ以外の手配項目に対して「手配チャージ」といった名目による手数料収入の件数が多く、利益単価が落ちている。団体企画旅行商品の手配は落ちているが、近年インセンティブ旅行や教育旅行の手配が増えカバーしている。

近年、サードパーティーが個人型パッケージの宿泊手配として主流となってきている。たとえば中華航空の個人旅行商品ダイナスティーパッケージの地上手配は、JTB グローバルマーケティング＆トラベルから Expedia に移行している。日本の旅行業界の課題はそれに対抗できる日本版 OTA が存在しないことである。将来日本のインバウンドビジネスにおいて日本の旅行業界が果たす役割はさらに小さくなることを危惧している。

　台湾の訪日旅行の盛り上がりには、日本に拠点のある台湾系ランドオペレーターが果たした役割は大きい。今後も団体旅行、インセンティブ旅行、教育旅行などでその存在感を残していくであろう。それに比べると日系旅行会社のランドオペレーター業務への参入は遅く、本格的に参入した時には、IT システムを駆使したサードパーティーと呼ばれる世界的な宿泊サイトによって覇権を握られようとしている。結局、サードパーティーは台湾消費者と直接結びつき、個人旅行を除いた手配は台湾系ランドオペレーターが主流といった図式ができあがりつつある。

5-6　旅行業界の商習慣

①　キーエージェント制度

　台湾の旅行業界では航空会社を「王様」と呼ぶ。これは、旅行会社にとって、商品造成上もっとも必要な航空座席を手に入れることが、ビジネスの成否に欠かせないからである。

　航空会社は、自社の団体席を特定の旅行会社に配席し、その指定された旅行会社を「キーエージェント」と呼んでいる。キーエージェントは、航空会社のすべての路線で固定しているわけではなく路線毎に異なる。たとえば中華航空の日本線における代表的なキーエージェントは、康福・雄獅・山富・東南・五福といった大手5社である。キーエージェントではない旅行会社が座席を必要とした場合、直接航空会社ではなくキーエージェントを通じて席を買わざるを得ない。また、キーエージェントは、毎年その実績によって入れ替えも発生する。

　この制度が生まれた背景は航空会社側として2つのメリットがあげられる。第一は「市場の秩序」である。キーエージェント制度を導入することによって、座席販売の過当競争や値崩れを防ぎ市場の秩序を図る。第二は「販売リスクの防止」である。信用力の高いキーエージェントを指定し販売を行うことによって小切手不渡りリスクが防止できる。また、キーエージェントになった旅行会社にも2つのメリットがある。第一は「継続的な団体パッケージ旅行商品造成」が可能になること、第二に「ピーク時の座席確保」によって大きく利益を得られることである。夏場のピークシーズンや旧正月は、市場の需要が供給に対して高く、この期間に座席を保有していることは、通常期よりも数倍利益率が高い。また、年間の座席販売数量によって航空会社からVIC[84]が支払われる。よって、キーエージェントになった旅行会社は、その地位の維持のために、通常期には原価割れで販売することもある。

②　サブエージェント

　キーエージェントが保有する座席や造成したパッケージ商品を定期的に購入

84　Volume Incentive Commission の略。航空会社がキーエージェントに対して、その販売数量にバーを設け、コミッションを支払う。

するエージェントをサブエージェントと呼ぶ。座席のB to B販売や旅行商品の委託販売である。キーエージェントはサブエージェントの購入実績によって、販売コミッションに差をつけている。

③ PAK（パーク）

台湾の旅行会社間では、同一の旅行商品を共同で販売するPAK（パーク）といった相互扶助組織を構成することがある。これは、航空会社があるデスティネーションを開発するために主導するケースもあれば、チャーター販売を行うため旅行会社が集まって結成されることもある。通常6～10社ほどで、大手・中小を問わず加盟しており、「東北PAK」や「山陰山陽PAK」といった呼び名をつけている。運営の仕方は、各旅行会社が宣伝協賛金を支払い、メンバーのなかから「センター」と呼ぶ幹事旅行社を決め、航空座席の管理、地上手配の管理、座席販売の状況を各メンバーに報告する。各社が拠出した宣伝協賛金は、「公金(ゴンジン)」として管理し、共同宣伝、会計報告も行う。PAK販売のメリットは、各社の窓口で商品を販売することによって、10名以上成立するGIT[85]商品催行率を高めることである。

④ 靠行(カオハン)

台湾では机1つ、電話1つで旅行会社が始められるといわれる。靠行(カオハン)はまさに典型的な個人事業商売である。旅行会社のオフィスにスペースを借り、その旅行会社の名刺を使いながら商売を行い、名義貸し費用やスペース賃借料を払う。実質的には個人事業主（ソリスター）であり、こういった家族商売の旅行業が台湾には数多く存在する。

⑤ 牛頭(ニョウトウ)

牛頭は、台湾南部地区で行われる特異な商習慣である。読んで字のごとく、南部地区に一般の消費者（牛）を束ねるリーダー（頭）がおり、そのリーダーが旅行会社と団体旅行に関する値決め交渉を行い商売をしている。旅行会社の販売担当は牛頭との関係をいかにスムーズに行うことが売り上げを大きく左右する。現在南部地区大手旅行会社幹部と話をすると、この商習慣はすでに25年前の過去のもので、現在は存在しないと言われることが多い。しかし、中小の旅行会社幹部と話をすると現在でも存在し、活動していると聞く。これを検証するのは困難なことである。

---

[85] Group Inclusive Tour（団体包括旅行）の略称。

⑥ 商談の際のキーワード

台湾の旅行会社関係者と商談を進める際、よく口癖のように出てくる7つのキーワードがある。台湾人の性格や考え方、ビジネススタイルを表している。

1. 老闆（ラオパン）

 「老板」ともいう。「BOSS、大将、旦那、社長」の意味で、ビジネスの決定権者を指す。これは中華社会特有であるが、台湾においてもトップダウンで物事が決まっていく。台湾でビジネスを進める際、「誰がラオパンなのか」と「ラオパンとコンタクト」を取ることが非常に重要である。

2. 朋友（ポンヨウ）

 「友人」の意味であるが、日本と違いもっと深いつながりを意味する。一度「朋友」関係が出来上がれば公私ともに付き合うことになる。もちろん相手が「ラオパン」であれば、さらに有益な交友関係のネットワークが生まれる。

3. 面子（メンツ）

 日本語の面子と同義語であるが、ニュアンスは違う。日本では本質的な意味で使われることが多いが、台湾人の面子はむしろ「体面」に近い。台湾人にとって「面子」は重要度が高い。本質的でなくても「面子」を保つために日本人以上に頑張る。

4. 没関係（メイクワンシー）

 台湾人の口癖である。「気にしない」「大丈夫」の意味だが、南国のおおらかな性格と相まって細かいことに心配しない。あまり気にしないのが台湾風である。

5. 没用辯法（メイヨウパンファー）

 没関係と並んで口癖になっている。「しょうがない」「どうしようもない」の意味だが、あまり物事に固執しない性格を表している。

6. 便宜（ピェンイー）

 台湾の街中を歩くと、よく「便宜」と書いた看板に出くわす。日本語の「安い」という意味である。商売の国台湾を端的に表す言葉であるが、ビジネス会話のなかにも必ず「便宜一点」（ピィエンイーイテン）（もうちょっと安くしての意）といった言葉が出てくる。また、広告にも「買一送一」（マイイソンイ）（1

個買ったら1個サービスの意）といったキャッチが躍る。台湾社会は、少しでも安くすること、買ってくれたら何か「おまけ」を提供することが基本でサービスとなっている。

7. 軽鬆（チンソン）

「気楽、リラックス」の意味である。台湾人の旅のスタイルは「軽鬆」が基本で、海外旅行は普段と変わらない。台北の空港ではトレーナーにサンダル履きといった格好で気楽に海外に出かける人びとをよく見かける。

5-7　個人旅行

（1）個人旅行の現況

　台湾の個人旅行は、2013年度を境に団体旅行を上回り、その後2015年度までの3年間は55％前後のシェアをキープしていたが、2016年度にはさらに64％と拡大している（図5-12）。これは、2013年度より本格化したアベノミクスによる円安を背景に、2015年度よりLCCを中心に新千歳、成田、関空、福岡、那覇の主要5空港に増便や新規参入した影響が大きい。国土交通省の統計によると、2015年度は、前年度に比べ主要5空港の週間便数が合計115.5便増加している（図5-13）。この大規模な供給増が、2015年度を境に個人旅行のシェアが増加した原因である。主要5空港は大都市近郊空港であり、二次交通が便利で、そもそも個人旅行利用者の多い場所である。インターネットを中心とした航空券販売ビジネスモデルであるLCCの供給が増えたことで、個人旅行の手配方法において2016年度以降個別手配が大きく伸びている（図5-14）。同時に宿泊サイトであるサードパーティーの参入が活発化し、消費者がオンラインを通じて航空券と宿泊予約の手配が容易になった。

5-7 個人旅行

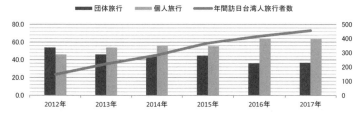

図 5-12　2012〜2017 年度　訪日旅行形態の推移
【単位：団体旅行・個人旅行：％、年間訪日台湾人旅行者数：万人】
出典：観光庁　訪日外国人消費動向調査　観光レジャー目的より作成

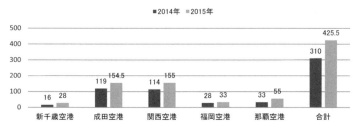

図 5-13　2014／2015 年度　主要 5 空港台湾発日本路線就航便数比較
【単位：便数】

出典：国土交通省　国際線就航状況より作成
期間：（定期便）2014 年冬ダイヤ、2015 年夏ダイヤの週間直行便数
注記：出発便を 1 便、到着便を 1 便として計上

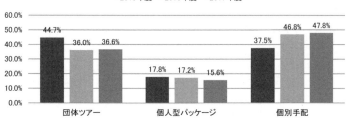

図 5-14　2015〜2017 年度　訪日台湾人旅行形態比較
出典：観光庁　訪日外国人消費動向調査より作成

(2) 個人型パッケージ

台湾では、日本航空系の創造旅行社を除き、航空会社が直接個人型パッケージを造成している（表5-4）。日本の場合、航空会社系個人型パッケージは、旅行業法上子会社である旅行会社が造成し、大手旅行会社も独自にパッケージを造成している。台湾において航空会社が直接造成可能なのは、先に述べた業法上例外として認められているからである（4-11参照）。また、大手を含め自社パッケージを造成しない理由は航空会社が旅行会社に対しパッケージ造成用のIIT[86]運賃を提供しないからである。通常IIT運賃は公示運賃[87]より価格が安く、台湾の航空会社はIIT運賃が旅行会社で航空券のみに不正使用され、運賃販売に混乱が生じることを懸念している。よって、自社販売のパッケージ商品を旅行会社に提供し、航空券市場での混乱リスクを防止している。

表5-4　台湾の個人型パッケージ一覧

航空会社	商品名
中華航空	「華航精緻旅遊」（Dynasty Package）
長栄航空	「長栄假期個人旅遊」（Eversion）
日本航空	「日航個人旅行系列」（JFP）
全日本空輸	「ANA自遊行」（ANA Smile Tour）
旅行会社	商品名
創造旅行社	「JAL旅」（日航自由行）

(3) 個別手配

航空各社の個人型パッケージは2014年度まで好調を維持していた。しかし、2015年度以降LCCの本格参入によって年々シェアを落とし、販売状況は厳しい環境にある（図5-14）。LCCの航空運賃自体が中華航空など既存のFSC[88]

---

[86] Inclusive Indivisual Tourの略称。包括個人旅行運賃。宿泊等の地上手配を含むパッケージ用航空運賃。

[87] 「公示運賃」とは、航空会社か政府認可を取得する「普通運賃」及び、航空会社が独自で設定する「キャリアフェアー」を指す。但し、台湾ではそれ以外に航空会社が旅行会社に対して売値を指導する「ネットフェアー」運賃が存在する。これは日本でいう「メーカー希望価格」のようなもの。

[88] Full Service Carrierの略称。LCCとの対比的に用いられる言葉。3クラス制、機内食の提供など、従来型のサービスを行う航空会社の意味。

の公示運賃よりも低価格なため、消費者が航空運賃をLCCから購入する。また、宿泊手配はExpedia、agoda、Hotels.comなどのサードパーティーよりインターネットサイトを通じ個別に購入した方がFSCのパッケージよりも価格メリットがあるからである。

(4) レンタカー旅行(ドライビングツーリズム)

2007年9月19日より、日台間において運転免許の相互承認が施行された。台湾の運転免許証と指定機関が発行する翻訳文を持っていれば、台湾人旅行者は日本国内で車の運転が可能になった。法的規制緩和を受け2010年頃よりレンタカーを利用した訪日個人旅行は沖縄から普及してきた。全国レンタカー協会が発表している2015/2016年外国人レンタカー貸渡件数推移の台湾をみると、2016年度は前年比159.9%増、77,957件、国・地域別では韓国に次いで第2位(図5-15)、国・地域別シェアでは38%である(図5-16)。また、沖縄県内の二次交通におけるレンタカー利用率は50.4%と半数が利用している(表5-5)。

レンタカーやタクシーを利用する台湾人観光客も多い(沖縄・国際通り)

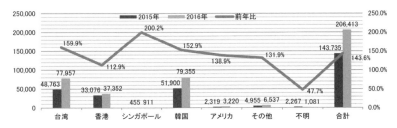

図5-15 2015/2016年度沖縄県国・地域別外国人レンタカー貸渡件数比較
【単位:年間貸渡数:件数、前年比:%】
出典:(一社)全国レンタカー協会「レンタカー事業の現状について」資料6
*2015年度(2015年4月〜2016年3月) 2016年度(2016年4月〜2017年3月)

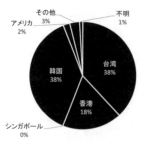

図 5-16　2016年度沖縄県の外国人レンタカー
　　　　 貸渡件数国・地域別シェア
出典：（一社）全国レンタカー協会「レンタカー事業
　　　の現状について」資料6より作成
＊2016年度（2016年4月～2017年3月）

表 5-5　2016年度沖縄県の外国人旅行者国・地域別交通機関利用率（単位：%）

	全体 (1,828)	台湾 (579)	韓国 (543)	香港 (325)	中国 (349)	米国 (12)	その他 (20)
レンタカー	48.6	50.4	63.9	56.5	11.1	58.2	46.9
タクシー	41.1	39.7	30.8	36.1	68.9	63.0	25.2
モノレール	36.6	44.1	33.9	25.8	38.3	19.7	32.6
バス	35.2	39.0	27.2	30.8	49.5	25.0	25.5
航空（県内移動のみ）	6.7	5.0	7.0	7.9	8.2	20.2	2.5
船（県内移動のみ）	3.9	2.4	2.7	7.5	6.0	21.3	0.0
その他	16.9	23.2	16.7	20.9	8.0	4.8	0.0

出典：沖縄県　平成28年度外国人実態調査報告書

　このように沖縄において訪日台湾人の移動手段としてレンタカー利用が定着した背景には次のような要因があった。
　① 中華航空系の個人旅行商品ダイナスティーパッケージの地上手配を請け負う沖縄ツーリストがレンタカー会社を所有しており、台湾人向けの空港での送迎、台湾人カウンター要因の配置、日本で最初に繁体語カーナビゲーションの導入など受入環境整備を整えたこと。
　② 沖縄ツーリストは台湾に支店を持ち、消費者に対して予約から現地手配がシームレスな流れになったこと。
　③ 沖縄のレンタカー費用は日本国内で一番低価格であったこと。
　④ 沖縄の道路事情が本土よりも複雑でないことで、左ハンドル車が一般的な台湾人旅行者にも比較的抵抗感が少なかったこと。
　レンタカー利用の旅は北海道でも広がりをみせている。沖縄とは違い雪の多い季節的要因による利用期間制約があり、全体の利用件数では沖縄に及ばない

が、2016年度は前年比144.8％、12,480件、国・地域別では香港に次いで第2位、シェアは20％である（図5-17、図5-18）。

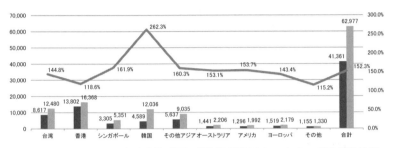

図5-17　2015／2016年度北海道国・地域別外国人レンタカー貸渡件数比較
【単位：年間貸渡数：件数、前年比：％】
出典：（一社）全国レンタカー協会「レンタカー事業の現状について」資料6
＊2015年度（2015年4月～2016年3月）2016年度（2016年4月～2017年3月）

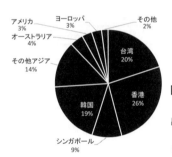

図5-18　2016年度北海道の外国人レンタカー貸渡件数国・地域別シェア
出典：（一社）全国レンタカー協会「レンタカー事業の現状について」資料6より作成
＊2016年度（2016年4月～2017年3月）

　沖縄、北海道を皮切りに今後レンタカー旅行が普及する地域として九州地方が予想される。国土交通省九州運輸局が発表した最新のデータによると、2017年度の訪日台湾人利用実績は2016年度に比べ96.4％伸び、国・地域別では第3位、シェアは10.1％である（表5-6）。先行する沖縄、北海道に比べ利用件数やシェアが低いが着実に増加していることがうかがえる。

表5-6 2016／2017年度九州地方国・地域外国人レンタカー貸渡件数比較（単位：件数、前年比：％）

国	件数(件)	2017年割合	2016年割合	2017年対前年比
韓　　国	12,854	45.1%	41.7%	82.5%
香　　港	8,333	29.2%	35.6%	38.5%
台　　湾	2,872	10.1%	8.7%	96.4%
シンガポール	1,024	3.6%	2.5%	138.1%
タ　　イ	610	2.1%	1.7%	110.3%
マ カ オ	539	1.9%	1.8%	80.9%
アメリカ	481	1.7%	1.8%	54.2%
欧　　州	534	1.9%	1.9%	62.3%
オーストラリア	213	0.7%	0.5%	159.8%
カ ナ ダ	128	0.4%	0.3%	197.7%
そ の 他	909	3.2%	3.1%	74.8%
不　　明	0	0.0%	0.4%	―
合　　計	28,497	100.0%	100.0%	68.6%

出典：国土交通省九州運輸局　外国人向けレンタカー利用実績
＊調査機関：2017年9月1日～12月25日

　レンタカー旅行（ドライビングツーリズム）の普及は、訪日台湾人受け入れをさらに増やしたい日本の地方自治体にとって歓迎すべき傾向である。個人旅行が近年大幅に増加している台湾マーケットでは、電車や地下鉄、バスなどの公共交通機関が発達した東京、大阪、京都を中心とした関東圏や関西圏に集中する傾向があった。レンタカー旅行の普及は、二次交通に悩む地方自治体にとって、従来の団体旅行マーケット中心から個人旅行者の取り込みをはかるきっかけでもある。国土交通省も2017年10月13日よりNEXCO東日本、NEXCO中日本、NEXCO西日本などと連携し、訪日外国人向けの高速道路乗り放題パス「Japan Expressway Pass」の販売を始め、普及支援に乗り出している。今後の課題は台湾現地消費者への認知をいかに拡大させるかがポイントである。

(5) これからの個人旅行

　台湾の旅行会社にとって、個別手配が増えることは旅行会社経由での販売が減少し好ましいことではない。しかし、飛行時間が約2～3時間の日台路線に

おいては、LCCにとって最適なビジネスモデル路線であり、増えることがあっても減ることはない。よって、大手旅行会社では、自社ホームページ上でLCCの運賃と複数の宿泊予約サイトのAPIをつなぎ、オンライン上でのダイナミックパッケージ[89]を構築している（図5-19）。また、LCCのオンライン販売に見切りをつけ、サードパーティーのサイトでは手薄な地方の旅館予約や、現地の着地型商品に力を入れる旅行会社もある（図5-20）。

LCCの市場での広がりは脅威ではあるが、その市場拡大をチャンスととらえ、台湾の旅行会社はしたたかに変化する市場にスピード感をもって適応している。

図5-19 ダイナミックパッケージ旅行会社販売例
出典：百威旅行社ホームページ

図5-20 着地型商品旅行会社販売例
出典：東南旅行社ホームページ

5-8 団体旅行

(1) 団体旅行の現況

台湾訪日旅行の牽引役であった団体旅行は、2013年度に初めて個人旅行にシェアを逆転され、2016年になると一気に36％台に落ち込んだ（図5-14）。

ただし、シェアは落としたとはいえ、旅行者数が6年間で約3.1倍増加している全体の伸びには追いつかないものの、その間約2.1倍増加している（図5-21）。主要旅行会社の責任者にヒアリングすると、定性的ではあるが従来型の募集型企画旅行（パッケージツアー）を販売している責任者は、開口一番「よ

---

[89] 航空運賃や宿泊施設、現地オプショナルツアーなどを消費者が選択し組合せできる、比較的自由度の高い個人型パッケージ商品。

くない」というが、チャーター販売や MICE、教育旅行を実施している責任者には笑顔の方が多い。団体旅行の内容を切り分ける統計データがないため正確な検証はできないが、近年確かに台湾からのチャーター便、MICE、教育旅行は増加傾向にあり、それらが団体旅行全体の数字を押し上げていると考えられる。

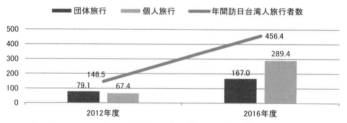

図 5-21　2012／2016 年度　訪日旅行形態旅客数対比（万人）
出典：観光庁　訪日外国人消費動向調査より作成

　台湾の訪日団体旅行は、東南アジア方面団体旅行よりも評判がいい。著者が台湾の旅行会社が企画したタイ旅行に参加した際、現地で何か所も免税店に連れまわされ、ホテルの部屋にアメニティはなく、朝食の場所は欧米や日本の旅行者とは別の地下 1 階で食事をさせられるなど辟易した経験がある。たとえ台湾人向け価格が安くても、日本側宿泊施設のおもてなしはこのような対応はしない。台湾人旅行者にとって、日本は「オトク感がある」旅行訪問地である。

（2）　募集型企画旅行[90]

　募集型企画旅行は、台湾の旅行会社が訪日旅行ビジネスを展開するうえで、キーエージェント制度のもとで座席消化を行うための主力商品であった。しかし、個人型パッケージ商品が都市部を中心に充実してくると、2009 年ごろより東京で団体旅行商品が売れなくなってきた。やがて、個人旅行の波は交通機関の充実した関西方面や、レンタカーを利用した沖縄方面に広がっていった。
　最近は個人旅行が苦手な中高年層を対象に、北海道、東北、北陸、山陰山陽、九州といった二次交通が充実していない地方を中心に、各社が特色ある団体旅行商品を展開している。また、近年地方を中心とした定期便やチャーター便が充実し、その座席を利用した商品展開がなされている。結果、訪日外国人の地

---

[90] パッケージツアーともいう。あらかじめ航空座席を仕入れ、宿泊、地上交通、観光等を手配し、一般募集で集客する団体旅行商品。

方分散化において、台湾は地方分散化率の高い上位4か国・地域（韓国、中国、香港、台湾）のひとつである（図5-22）。

募集型企画旅行は通常4泊5日が基本である。これは、航空会社よりキーエージェントに配席するパターンが4泊5日となっているためである。

台湾の募集型企画商品の特色は、添乗員とガイドを兼ねた「スルーガイド」が出発から到着まで全行程を付き添う旅行である。スルーガイドには、一部高級なツアー以外は旅行会社より給与は支払われていない。台湾の旅行者は、1名あたりガイドに対して1日250台湾元をチップとして支払うのが慣習で、たとえば5日間の旅行で25名の団体客だとすれば、

ビルの外壁の東北（蔵王）旅行の広告

図5-22　2017年度　国籍（出身地）別　都道府県別外国人延べ宿泊者数構成比（%、上位5都道府県）
出典：観光庁　宿泊旅行統計調査　平成29年度速報値　報道発表資料より抜粋

25名×5日×250元で31,250台湾元になる。それに免税店のショッピング・コミッションの一部が収入として入ってくる。台湾の一般的な会社員の平均月間給与は3万元ほどなので、人気の高いスルーガイドは結構な収入を稼ぐのである。

　募集型企画旅行商品は、旅行会社間の競争が激しく、価格を低く抑えるため宿泊代はホテル・旅館側と直接契約し、バス、観光施設の手配のみランドオペレーターに依頼、ランドオペレーターの利益は手配チャージのみといったコスト削減を行っている。近年はショッピングを扱う免税店と契約し、免税店がバスの手配を無料サービスするといった方法で地上手配コストを抑える工夫もなされている。

(3)　チャーター旅行

　台湾におけるチャーター販売は、キーエージェントによる「座席販売買い取り」が原則である。これは、航空会社にとって座席販売未消化リスクをなくす利点がある。本来チャーター便とは、包括旅行チャーター[91]、オウンユース・チャーター[92]、アフィニティ・チャーター[93]の3種類があるが、基本は用機者による買い取りである。よって、「座席販売買い取り」自体はチャーター・ルールに沿ったもので台湾独自のルールではない。ただし、台湾のチャーターには、定期チャーター便[94]と不定期チャーター便の2種類がある。とりわけ定期チャーター便は、「押し売り販売」のケースもあり、旅行会社のプレッシャーになっている。それぞれの詳しい運営、販売方法は以下のとおりである。

①　定期チャーター便

　将来、航空会社主導で定期便化することを見据えたチャーター便で、傘下の複数キーエージェントに座席配分が行われる。座席は基本買い取りである。販売期間が長く、定期便とは異なり、買い取った座席の未消化リスクが大きい。旅行会社としては、リスク管理上の観点から定期便販売よりも優先的に販売を行わざるを得ない。需要が高いときは座席を所有しているので好調だが、低い

---

[91]　旅行会社がパッケージ商品を造成したツアーで航空機を貸し切る形態。
[92]　個人や法人が目的のため航空機を貸し切る形態。
[93]　商用以外の団体が親善、交流等のために航空機を貸し切る形態。
[94]　プログラムチャーター便ともいう。ある一定期間、同一地点に複数便運航することによって、回送便の費用低減メリットがある。

ときには「損切り」といったたたき売りや、自社の「社員旅行」に利用といったケースも出てくる。航空会社の年間座席販売契約 VIC 実績にカウントされるため、定期チャーター販売は、翌年のキーエージェントの座を維持するために旅行会社にとっては必至課題である。

② 不定期チャーター便

不定期チャーター便は 1 社がその座席を買い取ることが多い。たとえば、2016 年度の高雄－山口宇部のチャーター 6 便は、高雄地区の富康旅行社（フーガン）、2017 年度台北－佐賀チャーター便は、大手総合旅行会社の一角である五福旅行社（ウーフー）の 1 社買い取りである。それぞれの責任者に不定期チャーター便の販売状況や評価についてインタビューを行った。

---旅行会社インタビュー---

【五福旅行社】
日時：2017 年 11 月 23 日（水）11：00〜13：00
場所：五福旅行社本社
インタビュー者：五福旅行社　副董事長　陳世雄氏（チェンシーション）

内容：2017 年度台北発佐賀チャーターを中華航空系 LCC タイガーエアーにて実施している。6 月から 11 月までに累計 8,000 名以上販売した。佐賀県から宣伝支援金などもあり大変満足している。

【福康旅行社】
日時：2017 年 11 月 23 日（木）17：00〜18：00
場所：冨康旅行社本社
インタビュー者：冨康旅行社　董事長　謝明秀氏（シェミンシュウ）

内容：過去に沢山のチャーター実績がある。たとえば、南紀白浜、岡山、香川、北九州、熊本などがそうだ。チャーター販売の経験が多く沢山のノウハウを持っている。2016 年度高雄発山口宇部チャーターは、宇部市から表彰を受けた。現在タイガーエアーは LCC であるがチャーター会社でもある。私の会社はタイガーエアーの航空機 1 機を専用に使用している。1 機あたりのチャーター費用は、100 万台湾元（約 370 万円）が最低で、その目的地距離によって違う。日本の自治体からのチャーター便旅客に対する補助は、その空港がある県に 1 泊すると 5,000 円、2 泊 7,000 円、3

泊10,000円が相場で、さらに広告宣伝支援があるケースが多い。今までの実績には満足している。

　台湾の旅行会社にとって定期便チャーターは、プレッシャーが高い反面、定期便化することで市場拡大になっている。また、不定期チャーター便は、旅行会社が航空会社に持ちかけ、日本側自治体と協力して行うが、リスクはあるものの利益も大きい。いずれにしろ、二次交通の不便な日本の地方自治体にとっては、台湾旅行会社のチャーター便運航による地方誘客への貢献度は高い。

(4) 團體自由行（タンティズーヨーシン）

① 團體自由行とは

　台湾の旅行会社には「團體自由行」という業界では誰もが知っているポピュラーな団体旅行商品がある。北京語では「團體自由行」（タンティズーヨーシン）と呼ぶが、本来「團體＝団体旅行の意」と「自由行＝個人旅行の意」の相反する意味を組み合わせた造語で、通常は「〇〇團體自由行」というように最初に都市名を入れる。なかでも一番商品名として多いのは、台湾人の日本で一番の人気都市「東京」である。この商品は2008年後半ごろから業界内で流行り出し、現在では堂々とチラシやホームページ上で販売しており、消費者向け商品名としての地位を確立している（図5-23）。

② 誕生の背景

　誕生の背景には、その当時の台湾を取り巻く経済的問題と旅行会社が抱える構造的問題があった。経済的問題とは、リーマンショック後に大きく落ち込んだ台湾経済の影響による旅行販売の不振である。構造的問題とは、訪日旅行訪問先の最大シェアを占める東京方面が、消費者の個人旅行シフトにより団体旅行販売が不振に陥ったことである。よって、航空会社のキーエージェント制度によって団体座席を多く保有している大手旅行会社は、座席販売処理に困っていた。

　そもそも、台湾の旅行市場では日本のように航空会社がIIT運賃を設定せず、GIT [95] 運賃のみを旅行会社に提供してきた。背景には、IIT運賃が航空券のみ

95　Group Inclusive Tour の略語。団体旅行用の特別な運賃。通常10名以上が最少催行単位であるが、最近は2名以上でも催行可能なGIT運賃（GV2）を導入する航空会社が現れている。

に不正利用される懸念が大きいという事情がある。1名以上（航空会社によっては2名以上の規則を設けているケースもある）10名未満の「個人旅行」を希望する消費者は、航空会社が実質的に商品造成を行っている「機加酒」[96]が、航空運賃とホテルを別々に手配するよりも低価格で利用の主流になっていた。旅行会社は個人旅行を希望する消費者に対して、航空会社主導の商品を紹介するしか手立てがなかった。一方で大手旅行会社には航空会社より団体席の配席が未消化であればVIC契約による年間コミッションや、翌年ピークシーズンの配席減少といったプレッシャーを受けていた。そこで台湾の旅行会社が思いついたのが、航空券は困っていた団体席を利用し、ホテル宿泊のみをつけた「團體自由行」という商品開発であった。

図5-23　團體自由行　旅行会社販売例
出典：雄獅旅行社ホームページ

③　商品内容

團體自由行の商品内容はいたってシンプルである。「往復の航空券（変更不可）＋東京の同一ホテルに4連泊5日間」である。商品によって毎朝食、羽田または成田空港からホテル間の片道送迎バス手配、リムジンバスチケット、東京メトロの地下鉄1日券をつけたりする。

團體自由行に参加した旅行者は、東京滞在中は観光コースに参加することもなく自由に過す。台湾の団体旅行に必ず付き添うスルーガイドもなく、出発当

---

[96] 北京語では「機（ジー）加（ジャー）酒（ジョー）」という。「機」は航空機、「加」は足す、「酒」は「酒店（ホテル）」の意。航空機とホテルを自由に組み合わせる個人型パッケージ商品。日本で言うダイナミックパッケージ。例として中華航空の「ダィナスティパッケージ」や長栄航空の「エバージョン」などがそうである。

日の台湾の空港では旅行会社が手配したセンダー[97]が空港チェックインの手伝いをして送り出す。到着空港では、空港（片道ホテルまでバス利用の場合）もしくはホテルにて現地スタッフが出迎え、団体チェックインの手伝いをする。参加者は帰国日になるとチェックアウトして空港に向かい旅行終了となる（ホテルによっては、現地スタッフのヘルプを必要としないケースもある）。

　現在、團體自由行商品の内容は、航空会社は中華航空のようなFSCからピーチ、バニラ、スクートといったLCCまで、都内のホテルでは京王、ワシントンといったシティホテルから日本橋ヴィラ、コンフォートホテル東日本橋といったビジネスホテルまで、実にさまざまな航空会社、ホテルを利用した商品が出回っている。出発日も豊富で、インターネットで各旅行会社のホームページを開くと、ほぼ毎日どこかの旅行会社に商品があるといった状況である。10名以上の集客がないと催行できないことや、5日間といった団体旅行の制約はあったとしても、観光付き商品と出発日の抱き合わせ販売や、PAK（パーク）による委託販売方式で催行率は高い。最近では一番人気の東京だけではなく大阪、京都、北海道、沖縄まで商品展開が広がりつつある。

　本来消費者としては、自由に出発日、航空便、滞在日数を選べる「機加酒」が、より自由で使い勝手があり支持されるはずなのに、「團體自由行」商品が「機加酒」と差別化され、2008年の誕生から今日まで成長しポピュラー商品として市場に定着したのは、次に述べるいくつかの理由があった。

④　市場定着化

　まず、一般的な台湾人の好む日本向け「個人旅行」商品は、観光要素がまったくない航空機とホテルを組み合わせたシンプルな商品である。価格に対して敏感な台湾人消費者にとって、少しでも商品価格が低い方がいい。そこで、旅行会社として航空会社が市場に投入している「機加酒」より安い商品を造成するため、航空会社がマーケットで販売している公示運賃より低い価格のGIT運賃利用を考えた。宿泊手配では、個人よりも価格が低い団体用宿泊価格[98]を仕入れ、利益を低く抑えて価格訴求力に魅力のある商品を完成した。

　この商品造成過程において消費者、航空会社、ホテル、旅行社といった4者の利害関係の調整が働いている。まず、消費者にとっては、10名以上での催

---

[97] 空港にて旅行参加者のチックインアシストを行う業者。
[98] 日本側ホテルのアジア・インバウンド向けホテル料金タリフでは、団体（10名以上）宿泊価格は個人（1名-9名）よりも安く設定している。

行や5日間滞在の制約を除けば、行程の中身はまったくの自由旅行であるため、旅行代金が安くなる。航空会社にとっては自社商品「機加酒」に対する対抗商品がマーケットに現れることになるが、10名以上の催行や滞在期間の制約があるため、市場の「棲み分け」は可能で、むしろ団体配席消化が促進されることは好ましいと判断した。ホテル側にとっては1泊あたりの宿泊単価が低い客を受け入れることになるが、4連泊あるため稼働率の低い平日の穴埋めと客室クリーニングなどの費用効率化につながる。最後に旅行会社にとっては、利益単価は落ちるものの、団体配席の消化とVIC契約バーの達成が期待される。まさに台湾商人ならではの知恵を絞った「四方一両損」で、当事者全員が満足し市場の定着化が図られた。

⑤ 今後の團體自由行

「團體自由行」が台湾マーケットに定着して9年が経つ。その誕生の原動力は旅行会社の「生き残るため」の努力と普段蓄えた日本側地上手配ノウハウがあった。最近はかたくなに「機加酒」を守っていた航空会社も、LCCのような新規参入者の出現と競争によって2名以上催行可の団体運賃利用の商品が一部航空会社から提供されるようになった。一方で、観光要素のない「團體自由行」の行程のなかに「富士山日帰りバス旅行」といった現地発オプショナルツアーの企画商品も登場し、さらに進化しながら発展している。

(5) インセンティブ旅行

台湾の訪日インセンティブツアーは、社員旅行（員工旅遊）、研修旅行（考察・産業旅遊）、表彰旅行（奨励旅遊）、交流旅行（交流旅遊）と4種類に分けられる（日本政府観光局JNTO、2017）。本項では、そのなかでも圧倒的に取り扱いの多い社員旅行と表彰旅行を取り上げる。

① 社員旅行（員工旅遊）

台湾のサラリーマンやOLにとって、社員旅行は「憧れのイベント」である。かつて日本で昭和の高度成長時代に、企業による社員旅行が華やかに行われたものとは違い、台湾人の社員旅行は、本人だけではなく「家族」も特別価格で参加することがある。著者も台湾に駐在していたころは何度か会社の社員旅行を行ったが、台湾人にとって会社も「家族的」な要素があることが社員のモラルアップに通じることを痛感した。

日本向け社員旅行は特に人気が高い。台湾人は就職で会社を選ぶ際、日本向

け社員旅行の福利厚生制度があることで、日系企業に就職を決める人もいる。社員旅行は業種を問わず幅広く実施されているため市場規模も大きい。よって、旅行会社では、法人セールスを中心に社員旅行を扱っている。日系企業のなかには、社員旅行を利用して親会社訪問などの研修要素を入れるなど、内容の工夫がなされている。最近では、個人旅行トレンドにより、團體自由行を社員旅行として取り入れる企業も増えている。

② 表彰旅行（奨励旅遊）

台湾は企業による表彰旅行が盛んである。とりわけ日本路線は人気が高く、大企業になると数千人単位で出発する。そういった企業は、大手旅行会社に対し競争入札を実施する。台湾における大規模インセンティブ取扱い旅行社は、雄獅旅行社（ションスー）、康福旅行社（カンフー）、東南旅行社（ドンナン）、山富国際旅行社（サンフー）、五福旅行社（ウーフー）の5社が代表的である。かつて永業旅行社（ヨンイエ）が有名であったが、最近はやや取扱いを落としている。なかでも伝統的に取り扱いが多く、台湾のJTBと呼ばれている東南旅行社のMICE責任者にインタビューを行った。

旅行会社インタビュー

【東南旅行社】

日時：2017年11月22日（水）13：30～15：30
場所：東南旅行社（ドンナン）本社
インタビュー者：東南旅行社（ドンナン）　海外旅行事業本部　副総経理　廖培沅氏（リャオペイユエン）

内容：東南旅行社の昨年インセンティブ旅行取扱実績は、全体で25,000～26,000人であり、70％は訪日旅行であった。実施企業の多くは保険、自動車、IT産業である。方面別では、東京、大阪の大都市圏が多いが、地方では中国・四国地方が多い。最近の面白い傾向として、新光人壽（台湾の大手保険会社）の屋久島800人というのもある。インセンティブ旅行の内容は、團體自由行と違いすべての行程に観光や食事が含まれる。2017年度取扱実績は、現在のところ昨年以上で悪くはない。最近の訪日旅行は個人旅行が増えてきているが、インセンティブ旅行に関してはそのような市場環境変化とは無縁である。インセンティブ旅行の将来については明るい展望を持っている。

台湾のインセンティブ旅行は、家族主義的な台湾社会の文化的習慣を背景に、

（6） 教育旅行

台湾では、日本のような学校行事としての修学旅行制度はなく、希望者を募って外国の学校を訪問する教育旅行が主流である。台湾の教育部[99]は、中学生・高校生を対象とした国際教育旅行活動を推進しているが、生徒全員が参加するような学校行事には至っていない（日本政府観光局JNTO、2017）。2015年度の文部科学省の報告書によると、台湾からの訪日教育旅行全体は、参加校362校、参加者数は12,945名、国・地域別ではシェア29.1％で第1位である（表5-7）。

訪日教育旅行を扱うウェブサイト
（出典：日本政府観光局（JNTO））

台湾の訪日教育旅行は、日本の高校にあたる高級中学や高等職業専門学校の参加が90％を占める。海外への教育旅行を実施する際、一定の条件を満たすと教育部から学校側に補助金が交付される。その条件のなかでも一番重要なのは渡航先での学校交流である。よって、日本の受け入れ側自治体と学校側の体制整備が必要である（日本政府観光局JNTO、2017）。

訪日教育旅行の1学校単位の参加者は、1バスサイズの35〜40名ほどである。実施時期は入学試験や中間テストの関係で4〜5月が多い。方面は、教育旅行受け入れに熱心な長野県、群馬県、千葉県、静岡県など、最近は関西方面や四

99　日本の文部科学省にあたる組織。

表 5-7　2014年度　国・地域別訪日教育旅行受入実績（人数）

	高校		中学校		小学校		合計	
	受入団体数	受入者数	受入団体数	受入者数	受入団体数	受入者数	受入団体数	受入者数
台　　湾	310	11,382	30	1,047	22	516	362	12,945
韓　　国	193	5,567	81	2,375	22	448	296	8,390
米　　国	223	2,922	170	1,820	97	1,361	490	6,103
オーストラリア	148	2,082	115	1,269	62	918	325	4,309
中　　国	64	1,147	44	956	46	748	154	2,851
シンガポール	29	414	34	472	16	346	79	1,232
タ　　イ	49	815	10	153	7	154	66	1,122
ニュージーランド	40	495	33	381	15	205	88	1,081
マレーシア	31	643	7	145	9	193	47	981
カ ナ ダ	21	501	15	201	6	46	42	748
その他	207	2,695	120	1,052	64	1,034	391	4,741
合　　計	1,315	28,663	659	9,871	366	5,969	2,340	44,503

出典：文部科学省　訪日教育旅行受入促進検討会報告書より抜粋

国といったルートも増えている。

　台湾で訪日教育旅行を扱う旅行会社は少ない。旅行費用支払の立替期間が長く、学校側教育関係者とのコミュニケーションなどに手間がかかるため、大手旅行会社のなかには、はっきりと「扱わない」と明言する会社もある。よって、教育旅行を専門に扱う旅行会社のシェアが高い。

　台湾の旅行会社からみた訪日教育旅行の現状と問題点を探るために、訪日教育旅行取扱では約25％シェアを持つ三益旅行社（サンイー）の責任者にインタビューを行った。

――旅行会社インタビュー――

【三益旅行社】
日時：2017年11月23日（木）14：00～16：00
場所：三益旅行社本社
インタビュー者：三益旅行社　副総経理　陳怡秀氏（チェンイーシュウ）

内容：三益旅行社が訪日教育旅行を取扱うようになったきっかけは、今から7年前に大阪観光協会の招待で、台湾の学校関係者の会合に参加したこ

とである。その際知り合った先生から訪日教育旅行取扱を依頼され、試しに実施したところ評判がよく、その後先生間の紹介で受注が増え、本格的に事業に参入した。台湾国内の学校訪問セールスのために、自家用車で年間35万km走破した。2016年度年間取扱数は70校である。

　訪日旅行における日本側受け入れ自治体の印象は、長野県が最初に取り組んだこともあり豊富なノウハウを持っている。その後、千葉県が長野県からノウハウ伝授を受け、運営体制が充実してきた（三益旅行社の林董事長は、千葉県より観光大使を拝命している）。受け入れの際のアドバイスとしては、交流時に北京語ができるアテンド要員が十分確保できていること。また、旅程中に学生を含む学校関係者とのコミュニケーションが大事なことがある。例として先日、関西・四国の訪日教育旅行を実施したが、四国には4県の窓口機能があり2名のアテンド要員が学生たちの乗るバスに添乗し交流を深めてくれ、帰ってから先生方の評判が大変よかった。訪日教育旅行の問題点や懸念事項として以下2点あげられる。

① 旅行会社との情報共有不足

　まず、自治体から旅行会社への情報共有不足である。自治体は台湾側の学校と直接コミュニケーションをとっているが、取扱い旅行会社に情報共有がなされずトラブルが発生することがある。例をあげると、台湾の学校側と日本の自治体側であらかじめ旅程が決められ、その旅程に基づき入札が行われるが、入札後、自治体側より学校側に対し宿泊先変更の連絡があった。実施する旅行会社はそれを知らされず、また当初の見積もり金額よりも高くなったため、原価計算が違ってくるケースが発生した。実際、日本に行ってから宿泊施設が変更になったことを知るケースもあった。

② 日本側自治体の対応

　日本側自治体に学校交流受け入れの問い合わせをしたところ、県内のホテルに1泊しないのであれば受け入れ手配のサービスをしないといわれたことがある。その県にはホームステイを2泊するのに断られたことがあった。ルールを盾にいわれると、こちらも今後その県への教育旅行は避けたいと思う。旅行会社は日本側自治体よりも台湾側学校関係者と接点の時間が多い。教育旅行終了後も学校関係者と検討会（レビュー）があり、そういった評判は他の学校関係者の間にすぐに伝わる。

　最近、日本側自治体から、県関係者の台湾学校訪問時でのアテンド対応

> サービスを無償で依頼されるなど、台湾側旅行会社に対するデマンドが高くなっている印象がある。

　訪日教育旅行は、日本側自治体の受け入れ体制やノウハウの伝授、広がりとともに近年大きく成長してきた。また、台湾の次代を担う若者が、同世代の日本人と触れ合うことは、お互いの相互理解の深まり、将来の両地域・国の相互交流向上に貢献する重要な事業である。産業として台湾学校関係者と密接につながっている旅行会社の貢献も大きい。インタビューでの指摘もあるとおり、日本側自治体関係者は台湾側学校関係者と直接コミュニケーションをとることに注力するとともに、それを実際運営する旅行会社に対する配慮も必要である。

(7) クルーズ旅行

　台湾の訪日クルーズ旅行は、年々増加している。日本におけるクルーズ統計資料では、法務省入国管理局統計や国土交通省港湾局統計があるが、国・地域別統計に分かれていないため、台湾からのクルーズ客全体を把握することが難しい。台湾発訪日クルーズ客の大半は、台湾の北部、基隆港発のスタークルーズ社とプリンセスクルーズ社を利用している。その実態を把握するため、現地2社から近況の聞き取り調査を行った。

　スタークルーズ社の歴史は古く、基隆港から一晩かけて沖縄の石垣島、宮古島に到着する。料金も安く、若者のちょっとした日本旅行といったイメージである。プリンセスクルーズ社は後発だが、船体も大きく沖縄や九州各地を4泊5日から5泊6日かけてめぐる。年々就航地を増やし、最近は九州だけではなく瀬戸内海の大分（別府）、広島、高知まで寄港している。両社の概要は以下のとおりである（表5-8）。

那覇港に停泊するスタークルーズの客船

表5-8　2016年度　台湾の主要クルーズ船舶概要（スタークルーズ・プリンセスクルーズ）

船　社	積載人数	主要寄港地
スタークルーズ	1,700人	沖縄（石垣・宮古島）
プリンセスクルーズ	2,600人	沖縄・鹿児島・大分（別府）・広島・高知

出典：2016年11月時点筆者現地聴き取り調査による

　両社の2016年度寄港数、乗船者数実績、2017年度予測を聞くと、プリンセスクルーズが積極的に寄港数を増やしているのがわかる（表5-9）。

表5-9　台湾の訪日クルーズ状況

船　社	項　目	2016年度	2017年度	備　考
スタークルーズ	寄港数	80隻	80隻	
	乗船者数	87,040人	87,040人	
プリンセスクルーズ	寄港数	27隻	33隻	6隻増
	乗船者数	63,180人	79,536人	約16,300人増

出典：現地聞き取り調査による

　プリンセスクルーズは、チャータークルーズ形式をとっているので、船社本社よりも販売を行っている旅行会社が翌年の寄港地を選定する。現在プリンセスクルーズを販売するPAK（パーク）があり、その中心が百威(バイウェイ)旅行社である。その責任者に台湾における訪日クルーズ市場についてインタビューを行った。

―― 旅行会社インタビュー ――

【百威旅行社】
日時：2017年11月21日（火）16：00～17：00
場所：百威旅行社本社
インタビュー者：百威旅行社　日本線　総経理　劉　見明(リョウチェンミン)氏

内容：訪日クルーズ旅行は年々増加している。クルーズ旅行の特徴は、参加者の50％がリピーターであること、航空便の旅行に比べ旅行費用が安いこと、航行中の船内エンターティメントが、参加者すべての年代層を飽きさせない工夫がなされていること、寄港地でのオプショナルツアーの魅力などがある。クルーズ船は航空便と違い、荷物搭載に制限がないことも参加者にメリットがある。例をあげると、鹿児島に寄港した際に、鹿児島のイオンで参加者が買物をしたが、買物総額がたった2時間で1億円に

達したこともある。

　プリンセスクルーズはチャータークルーズなので、寄港地の選定は我々で決めることができる。選定にあたり日本側自治体セールスのポイントは3点ある。1点目は寄港地での出入国手続きがスピーディーにできるかどうか、2点目はバスの配車が一度に約80台必要なため、効率的な配車手配ができるか、3点目は、寄港地のオプショナルツアーに関する自治体側からの情報提供サービスである。さらにいえば、自治体からの宣伝告知に関する支援である。

ツアー客による売上が大きかった鹿児島のイオン

　台湾の訪日クルーズ旅行は宿泊を伴わないが、逆に大型宿泊施設の確保が困難な日本の地方自治体にとっては、オプショナルツアーやショッピングツアーなどで地域の消費活性化に大きく寄与している。クルーズ旅行拡大には、台湾の旅行会社との連携は欠かせない。

（8）富裕層向け旅行（ハイエンドマーケット）

　日本では巷間訪日外国人富裕層が話題に取り上げられるが、台湾において富裕層に直接アプローチするのは容易ではない。人脈や人間関係を重視する台湾社会では、アフィニティ（ロータリークラブやゴルフ協会など）の一員になり、交流を深め人脈を築いていくといったヒューマンタッチが必須である。

　台湾では、富裕層を顧客にしている代表的な旅行会社として、鳳凰旅行社（フォンファ）、金龍旅行社（ジンロン）、理想旅行社（リーシャン）、飛鳥国際旅行社（フェイニャオ）の4社がある。鳳凰旅行社と金龍旅行社は、戦後まもなく設立された旅行会社である。歴史も古く、多角経営によって規模も大きく経営は安定している。欧州方面への旅行に定評があり、高額ツアーに参加する顧客を持っている。理想旅行社は1974年創立と前述の2社に比べやや歴史は浅いが、台湾を代表する大企業ファミリーを顧客に持ち、南極ツアーなども実施している。飛鳥国際旅行社は、総合旅社ではなく会社

の規模は大きくない。しかし日本路線と富裕層をターゲットにした専門店として有名である。特に日本路線のユニークな商品開発ノウハウには定評があり、高品質な商品造成を行っている。理想旅行社の責任者に、ラグジュアリーツアーに関するインタビューを行った。

旅行会社インタビュー

【理想旅行社】
日時：2017年11月20日（火）12：30〜14：30
場所：理想旅行社本社
インタビュー者：理想旅行社　総裁　蔡栄一氏（ツァイロンイー）

内容：理想旅行社の創立は1974年である。その当時はまだ台湾の海外旅行自由化は解禁（解禁されたのは1979年）されていないため、海外旅行はもっぱら、①研究・研修のための旅行、②MICE参加旅行、③親族訪問旅行、④富裕層の旅行の4種類であった。理想旅行社がハイエンドの顧客を保有しているのはそういった歴史的背景がある。顧客が親しい友人を紹介してくれることで今に至っている。理想旅行社の訪日ツアーは、4泊5日で価格が10万元（約37万円）以上である。訪日ツアーを手配するときの課題はミシュランの星を持っているレストランの予約や、ハイエンドな旅館の宿泊手配が困難なことだ。顧客は日本をよく知っており、客室数の少ない地方の高級温泉旅館を好む。ツアーの参加者数は平均15名前後なので、ほぼ貸し切りになってしまいなかなか予約が取れない。

　台湾の富裕層向け旅行に関しては、取り扱う台湾側旅行会社との密接な情報共有が日本側にとって大きな課題である。また、日本側の予約受入体制も改善すべきことが多い。ポイントは日本国内市場の富裕層との取扱いバランスである。ターゲットを見極め、旅行会社に予約受容可能な数量を情報提供すれば、もう少しスムーズになり市場の拡大につながる。

5-9　S.I.T.（スペシャル・インタレスト・ツアー）[100]

　台湾における訪日旅行の成熟化とともに、花見、紅葉、雪といった自然風景鑑賞だけでなく、プロ野球観戦、ゴルフ、スキー、マラソン、サイクリング、最近ではグランピングといった体験型スポーツ観光が新たなトレンドとして流行している。そのなかでも台湾はサイクルツーリズムの先進国であり、本項では地域のスポーツとして定着しているサイクリングを取り上げる。

（1）サイクリング（サイクルツーリズム）

　台湾は世界最大のスポーツ自転車供給企業GIANT社[101]が存在する自転車大国である。台湾国内にはサイクリング・ロードが整備され、「環島（ファンダオ）」といった台湾島内を1周するツアーやタロコ渓谷でのヒルクライムレースなど地域のスポーツとして定着している。中華民国自行車騎士協会[102]といったサイクリストによる団体が組織され、日本の自治体との交流、提携が盛んである。特に日本側では愛媛県と広島県を結ぶ「しまなみ海道」が積極的に活動しており、瀬戸内しまなみ海道推進協議会と姉妹自転車道協定が結ばれている。現在日本の各

台湾人サイクリストとの自転車イベント（北海道・ニセコ）
（出典：北海道サイクルツーリズム推進協会）

100　Special interest tour の略。特定の目的を持ったツアーをさす。通常はプロ野球観戦や体験型スポーツ、美術鑑賞などの目的をもって旅する。
101　正式名称は Giant Manufacturing（巨大機械工業股份有限公司）。1972年に設立され現在世界最大のスポーツ自転車メーカーである。
102　英語名は Taiwan Cyclist Federation。日本語訳は中華民国サイクリスト協会。

自治体は、地域のサイクリングイベントを台湾訪日客誘致の効果的な一手法として積極的にセールスアプローチを行っている。訪日外国人向けサイクルツーリズムに早くから取り組む、北海道サイクルツーリズム推進協会代表理事の高橋幸博氏に、現在の訪日台湾人サイクルツアーの現状をインタビューした。

サイクルツーリズム協会インタビュー

【北海道サイクルツーリズム推進協会】
日時：2018年7月31日　13：00～15：30
場所：北海道サイクルツーリズム推進協会事務所
インタビュー者：代表理事　高橋幸博氏

内容：高橋氏が事業を展開する北海道ニセコエリアは、オーストラリア人を中心に現在はアジア圏の富裕層が訪れる世界有数のスノーリゾート地である。中長期滞在を目的としたコンドミニアムを利用する外国人スキー客を対象に「インターナショナルスキースクール」を運営し、スキーレッスンやガイド業務を展開していた。高橋氏自身もインターナショナルスキーガイドのライセンスを取得している。サイクルツーリズムを展開するきっかけは、ニセコを冬場の季節型リゾートから通年型リゾートに転換するためである。2008年地域のコンドミニアムオーナーや不動産会社、宿泊マネジメント会社を中心に「Niseco Cycle Week（ニセコサイクルウィーク）」イベントを立ち上げたのが、本格的なサイクルツーリズムの始まりである。高橋氏自身も運営メンバーの一人として携わった。その後毎年ニセコエリアではなんらかの自転車イベントを行い、地域住民や観光客に浸透していった。そうしたなかで、台湾人サイクリストの団体理事と知り合うきっかけがあり、交流を深め北海道におけるニーズが徐々にわかってきた。今では台湾人サイクリスト向けのカスタマイズツアーも行っている。台湾人サイクリストの特徴は以下のとおりである。

1. 台湾人サイクリストのツアーサイズはだいたい10名前後の小団体である。
2. ツアーの内容はサイクリングによる移動が半分、観光が半分である。
3. 平均走行距離は70～100kmである。マラソンのようにひとつの地域で完結することはなく地域間の連携が必要となる。
4. 台湾人サイクリストの北海道に期待するものは、台湾にはない広い

道路でのロングライド、湿度の低い快適な気候、大自然の風景とおいしい食事、まだ台湾では知られていない絶景などである。
5. 台湾人サイクリストは富裕層が多く、高級品の買物もある。
6. 気に入ると何度も訪れるリピーターが多い。
7. 台湾人サイクリストたちとの交流のなかから、紹介を通じてさらに人脈が広がり、新しい顧客を獲得することが多い。

　台湾人サイクリストのニーズをきちんと把握すること。受け入れ側としての大きな課題は、そういったニーズに応えられるサイクリングガイドの育成が必要である。台湾におけるサイクルツーリズムの興味深いところは、彼らは自転車仲間でありながら、その交流を通じて互いのビジネスを発展させているところである。サイクリングツアーで北海道に来た台湾の投資会社社長が地元の食に興味を持ち、その飲食会社の台湾進出に結びついた例もある。今後のサイクリングツーリズムの課題は、一過性のイベントで台湾サイクリストを呼ぶだけではなく、いかに地域に稼ぐ事業者を創出できるかがポイントになる。

5-10　台湾旅行業のさまざまな取組み

　台湾の旅行会社は、それぞれ違った経営スタイルを保ちながら、生き残りに向け厳しい競争環境と市場の変化に、対応するよう努力を重ねている。訪日旅行は、市場規模がこの5年間に約3倍に大きく成長したとはいえ、簡単にビジネスで成功を収めるような市場環境ではなくなっている。背景には以下のとおり3つの大きな市場構造の変化がある。
① 団体旅行から個人旅行へ旅のスタイルの変化。
② サードパーティーといった、インターネットを利用した既存の旅行業ではない新たなプレーヤーの登場。
③ インセンティブ、教育、S.I.T などの目的・体験型旅行の成長。

　この変化に対して、旅行会社は自社ホームページを刷新し、団体旅行だけでなく個人旅行の新たな顧客の取り込みを目指す方向性と、都市型団体旅行を諦め二次交通が不便で個人旅行が難しい地方に新たなデスティネーションを求め、インセンティブ、教育、S.I.T 旅行など、新たな付加価値のある団体旅行

に磨きをかける方向性の2つがある。特に後者の方向性は、インバウンド効果を地方まで浸透させたい日本側にとって歓迎すべき話である。

　本章で明らかになったことは、台湾の旅行会社による訪日旅行に向けたさまざまな取組みは、結果的に市場の大きな拡大に貢献したことである。特に生き残りをかけた旅行会社の市場変化に向けた対応は、台湾人の地方分散化を促し、二次交通にハンディを負う地方の活性化につながっている。チャーター旅行、インセンティブ旅行、教育旅行、クルーズ旅行なども地方訪問の大きな要因となっている。「日本の本当の魅力は地方にこそある」といったキーワードが台湾の旅行会社からよく聞かれる。今後も台湾の旅行会社は、訪日旅行において大きな役割を果たすキーパートナーである。

第6章　台湾の訪日旅行プロモーション

　台湾からの訪日客の増加に伴い、日本各地の地方自治体や民間企業による現地訪日旅行プロモーションが活況を呈している。内容は大きく分けて2つのターゲットに対するプロモーション活動に分かれる。一方はおもに団体旅行をターゲットとした旅行業界対象の「B to Bプロモーション」、もう一方は個人旅行向け一般消費者を対象とした「B to Cプロモーション（ダイレクト・プロモーション）」である。これは旅行カテゴリーのなかで、団体旅行では旅行業界の商品造成の成否が重要なポイントを占め、個人旅行では個別手配における一般消費者の影響力が決定要因を占めるからである。本章ではこの2つのターゲットに分類し各プロモーション事業の課題を抽出する。また、最近の台湾広告宣伝マーケットにおける媒体トレンドと今後のプロモーションの方向性を提起する。

6-1　旅行業界に対するプロモーション（B to B）

（1）　セミナー・商談会

　台湾では毎週どこかで日本の各自治体が主催するセミナー・商談会が行われている。特に台北地区で開催される商談会の件数は多く、旅行業界では食傷気味といった感じさえある。規模も東北、関西、九州といった広域から各県自治体、市単位までと大小入り乱れて開催されている。そもそも商談会開催のメリットは、各自治体の受け入れ観光業者が一斉に集まり、対象マーケットの旅行会社に対し情報を提供するとともに、興味関心を示し商品造成の可能性が高い業者とのコネクションをとることである。これは対象マーケットに対して未知

旅行業者を招いた商談会

なデスティネーションであれば事業価値は高いが、毎年恒例行事となると、相手から「また同じ内容だから」といった不満や出席率の低下を招く。また、商談会のデメリットとして限られた時間のなかで、複数の興味を示した業者に充分な商談時間が割けないといったことがある。よって、ある段階においては商談会ではなく旅行会社へのセールスコール（個別訪問）に焦点を移したほうが効率的である。

（2） セールスコール（個別営業）

台湾訪日客獲得に成功している事業者は、定期的に台湾にセールスコールを行っている。中華社会の一員である台湾は、商売についても人的つながりを重視している。日本側の担当者の顔が見えることは大変重要な要因である。

留意すべきことは、セールスコール時に商談相手からリクエストがあった課題に迅速に対応することである。台湾人の商慣習は即断即決であり、少なくとも帰国後1週間の間に回答をしたほうが良い。台湾人は「熱し易く冷めやすい」性格があり、遅い対応は、すでに興味の対象が別のところに移ってしまい、せっかくの商談が不成立になるケースが多々見受けられる。

旅行誘致の打ち合わせ（旅行会社）

（3） エージェント招請旅行（familiarization tour [103]）

商談会事業と同様に、日本側自治体における台湾エージェント招請旅行も花盛りである。本来の目的は、台湾人旅行業者の目線で、日本側自治体の観光資源を実際に見て体感してもらい、旅行商品としての評価、可能性、改善点などを抽出する事業であった。ところが最近では、地方自治体における事業実績

---

[103] 通称ファムトリップ（FAMトリップ）と呼ぶ。エージェントやマスコミ関係者に現地を視察してもらうツアー。

（KPI[104]）としての送客実績を求めるケースが増えている。訪日旅行の初期段階と違い、エージェント招請旅行単独事業で、旅行会社が商品造成をしてくれると期待するのは難しい。日本招請側からすれば、費用全額負担で送客実績などの事業効果を早期に求められる事情は理解できるが、現在の台湾マーケットの現状は募集型企画旅行商品の低迷が続き、旅行会社が新規デスティネーション販売促進にリスクを取りづらい状況である。旅行会社の本音は「消費者に認知度の低いデスティネーションを販売するためには広告宣伝を行う必要があり、リスクが伴う。そのため、名の知れた売れ筋のデスティネーションの商品造成に、専念したほうが良い」である。よって、旅行会社によるリスク軽減のための広告宣伝支援や、一般消費者に向けたプロモーション事業（B to C）とセットになったプロモーション手法の方が旅行会社の協力が得やすい。

（4） 広告宣伝支援

旅行会社にとって新規のデスティネーションの商品造成を行い、自社サイトにアップして自前で広告宣伝を行うことは経費リスクを伴う。そのため、広告宣伝支援を行うことは、旅行会社にとって歓迎すべき手法である。実施の際のポイントとしては、送客目標数は設定するが、必ず達成すべきであるといった過度なプレッシャーを与えないことや、一般消費者に向けたプロモーションも同時に実施することである。お互い目標に向けた共同事業が旅行会社のやる気を引き起こし、さらに事業効果を高める要因でもある。

（5） 送客に対する補助金

日本の地方自治体では、旅行会社に対するインセンティブとして、ある一定の条件下（例として、自治体内施設2か所訪問や最低1泊の宿泊施設利用など）で団体旅行に対して補助金を提供している。旅行会社側として歓迎すべき施策ではあるが、あくまで団体客が成立した後のメリットであり、むしろ送客を実現するための広告宣伝支援や、一般消費者に対する認知度向上のためのプロモーションの方がより歓迎される施策である。

---

104 Key Performance Indicators の意味。重要業績評価指標とも呼ばれる。元来は民間ビジネスにおける業績評価指標であるが、近年政府、自治体の観光プロモーションにおける事業評価指標の手段として使われている。

6-2　一般消費者向けプロモーション（B to C）

（1）　プレスリリース（報道発表）

　日本の地方自治体では、庁内に記者室がありプレスリリース資料を作成すれば、マスコミが無償で情報を流してくれる。台湾においてはマスコミが興味を示す題材でない限り基本的に有償である。無償のケースは、前述したマスコミが興味を示すトピックであること（例：新規就航、東京スカイツリーの開業など大きなイベント行事）、提携先広告代理店がマスコミとの関係が深く、記事枠が余った際に掲載するといったような場合である。よって、台湾マスコミに対しては、情報提供といえども基本費用がかかると理解した方がいい。

動画による観光プロモーション
（出典：日本政府観光局（JNTO））

（2）　メディア（ブロガー）招請

　新聞、雑誌などのマスコミを実際に現地に招請して、記事を書いてもらい、一般消費者に地域の認知度向上をはかることはひとつの手法である。台湾のインターネット普及とともに、SNSを活用した旅行情報を紹介するブロガーが2010年ごろから台頭し、特にフォロワー数の多い人気ブロガーは日本の自治体からひっぱりだこである。影響力のあるメディア、ブロガーのス

ブロガーによる日本の観光情報の発信

ケジュールは半年先まで予定が埋まっていることが多く、招請の際に留意すべきことは、早めの対応が必要ということである。招請費用だけでなく記事出稿費用もかかることを念頭に予算を組む必要がある。

（3） テレビ番組

台湾のテレビ番組とタイアップし、地域の特集を組んで消費者の認知向上を高めるのも効果的な手法のひとつである。費用も日本でテレビ番組を編成するよりも安い。留意すべき点はどの番組とタイアップするかである。台湾のテレビ番組では「旅行・食」をテーマにした番組の視聴率が高い。特に三立都會

人気テレビ番組によるアピール

チャンネルの「愛玩客(アイワンカー)」は、旅行・食のジャンルで視聴率ランキングトップ10に関連番組が4つランクインしている一大人気コンテンツである。

（4） オウンドメディア[105]（WEB／SNS）

台湾消費者の生活におけるインターネットを利用した情報収集や購買行動は日本より先行している。日本では旅行雑誌、ガイドブックなどの紙媒体がいまだに一定の影響力があるため、多言語サイト構築やSNS情報発信は、一部先行している自治体を除き対応が遅れがちである。長期的観点からみれば自前の情報発信媒体（オウンドメディア）を所有することは、費用を支払って情報発信する媒体（ペイドメディア）のみ使用よりも、将来的に「費用」の削減だけでなく「資産」を築くことができる。ここでいう「費用」とは広告費用であり、「資産」とはファン数、フォロワー数のことである。自身のWEBサイト、SNSサイトを構築する際の留意事項は以下のとおりである。

---

[105] 広告宣伝におけるメディア分類のひとつ。自らが所有するメディアを通じて消費者に発信するメディアをいう。それに対してブログ・SNS等の口コミを通じて信頼や評判を獲得するメディアをオウンドメディア、費用を支払い情報発信するメディアをペイドメディアという。

① WEBサイト

日本の地方自治体では公式観光サイトの多言語化が普及しつつある。日本では、翻訳コスト削減のためGoogle自動翻訳サービスを利用して対応しているケースがあるが、台湾人には翻訳の内容が理解できないといった声が多く、避けたほうがいい。自治体の公式WEBサイトは各地域のバランスやコンテンツを平等に紹介する必要があり、どうしても台湾人にアピールする際にエッジの効いたサイト構築ができない。また、サイト構築後のコンテンツ内容更新が少ないことや、モバイル端末用の構築がなされていないケースがある。解決方法として台湾側クリエイティブに依頼し、台湾人の目を引く「特設キャンペーンサイト」をスピンオフ的に構築し、動きを持たすのも新たな手法のひとつである。

② SNS（Facebook）

日本の地方自治体による公式Facebook構築は以下のとおり3つの大きなメリットがある。

1. 毎週常に情報発信することによって、ユーザー側に常に最新の情報を見てもらえる。
2. 興味を持ったユーザーがフォロワーとなって、地域のファン獲得につながり、顧客としての会員化を図ることができる。
3. Facebookアカウント IDより、発信したユーザーの反応から台湾人の興味、趣向や年齢層などの属性データを取得できる。

台湾における日本各都道府県の公式Facebook開設状況を表にまとめてみた（表6-1）。47都道府県のなかで公式ページを立ち上げているのは31の府と県である。公式ではないがJR北海道が運営している「REAL北海道」や、四国地域観光推進協議会が主催する「山陰山陽 WEST JAPAN San' in Sanyo」をカウントすると、33の府と県となり70％のカバー率である。東京都についてはすでに認知されページを持つ必要がないと判断しているか不明であるが、北陸・甲信越、福岡を含む東九州エリアはいまだ公式ページを開設していない。フォロワー数をみると北海道、大阪、沖縄は10万人の大台を超え人気を博している。

表 6-1　都道府県別台湾向け公式 Facebook 開設状況

都道府県	開設有無	名称	フォロワー数	備考
北海道	−	REAL 北海道	130,454	JR 北海道主催
青森県	○	青森四季風情畫	1,508	香港向け内容発信
岩手県	○	岩手好好玩	38,903	
宮城県	○	日本東北宮城旅遊導覽	52,375	
秋田県	○	秋田趴趴走	39,415	
山形県	○	Visit Yamagata − 日本山形	55,305	
福島県	○	日本好好玩　福島 GO GO GO	51,228	
茨城県	○	茨城觀光	8,403	
栃木県	○	歡迎光臨！栃木，日本，Tochigi（栃木縣觀光物產協會）	1,492	
群馬県	○	群馬縣觀光局 G' face	7,020	
埼玉県	○	日本埼玉縣東京北邊	8,256	
千葉県	×			
東京都	×			
神奈川県	○	東京以南　延伸無限旅途的神奈川	4,195	
新潟県	○	新潟觀光信息（享受新潟）	3,056	
富山県	×			
石川県	×			
福井県	×			
山梨県	×			
長野県	○	Go！長野 − 日本（Go！Nagano, Japan）	6,757	台湾専用でなく英語、繁体字、韓国語などで多言語発信
岐阜県	×			
静岡県	○	発見。五感靜岡	58,947	
愛知県	○	愛知旅遊指南 Aichi Now	42,715	
三重県	○	日本三重　旅行情報中心	19,841	
滋賀県	×			
京都府	○	探索心京都	3,665	
大阪府	○	Café de Osaka − 就愛玩大阪	215,372	
兵庫県	○	日本兵庫縣觀光導遊	4,340	
奈良県	×			
和歌山県	×			
鳥取県	○	Toripy 帶你遊鳥取	28,497	
島根県	○	Visit Shimane − 日本島根	2,207	香港繁体字で発信 台湾ではなく香港向け
岡山県	○	岡山縣	28,199	
広島県	−	山陰山陽 WEST JAPAN San' in Sanyo	5,759	中国地域観光推進協議会主催
山口県	○	山口縣散步	19,514	
徳島県	○	德島旅人案内所	25,622	
香川県	○	四國香川縣 − 讚岐烏龍麵故郷	17,955	
愛媛県	○	歡迎愛媛	252	
高知県	○	高知縣台湾連絡事務所	143	
福岡県	×			
佐賀県	○	元氣佐賀	31,537	
長崎県	○	長崎新玩	19,486	
熊本県	×			
大分県	×			
宮崎県	×			
鹿児島県	○	鹿兒島旅遊指南	9,921	
沖縄県	○	Visit Okinawa tw	111,379	

＊2018 年 7 月 31 日時点

（5） 動画制作

　2015年台湾で4Gサービスが始まり、大容量データ通信サービスが可能となった。消費者のモバイル端末普及とあいまって、Youtubeなど動画配信による広告宣伝が効果的な手法となり、消費者に対する影響力は大きい。動画制作には、ブロガーを使いスマートフォンによる撮影でコストを抑えたものから、有名タレントを起用し、プロデューサー、ディレクター、メイクアップアーティスト、ミュージックを含め、台本、絵コンテ、香盤表[106]を整えた本格的で費用の高いものまで、予算によってさまざまである。制作を検討する際に留意すべき点は以下のとおりである。

> ① 単に観光地を紹介するようなコンテンツ紹介の映像は、たとえ画質がよくても台湾人の興味を喚起しない。ナビゲーター（タレント）をエンドーサーとした、現地の人との触れ合いが入ったストーリー性のあるテーマが評判を呼ぶ。また、日本の吉本興業的な笑いや一発芸といった、エッジの効いた展開は台湾人には受けない。一般的台湾人にとって、日本は「上質な国」といったイメージが強く、上品な仕上がりが望ましい。
> ② 最近の台湾人はスマホなどのタブレット端末で見ることが多いので、映像の時間については、1～2分以内が望ましい。
> ③ 満足のいく動画が完成しても、消費者に拡散しなければ意味がない。動画制作だけではなく、Youtubeなどの広告予算も確保する必要がある。
> ④ タレントを起用した場合は肖像権の問題があり、制作した映像の使用期間および使用範囲は、あらかじめ取り決めておく必要がある。

　動画制作は、完成した映像を自身のWEBサイトやFacebookに掲載し、セールスコールやセミナー・商談会、旅行博などのイベントに使用できるなど応用範囲が広い。デジタル化した台湾消費者に対する大きな広告宣伝ツールとして、今後ますます需要が高まる可能性が大きい。

106　TVドラマ、アニメ、映画制作上のスケジュール明細表のこと。

(6) 消費者イベント

WEBサイトやFacebookなどの仮想空間におけるプロモーションだけではなく、一般消費者に直接触れる観光イベントを開催することは、人と人との触れ合いを大事にする台湾人の心に響く効果的手法である。ただし、イベント告知と参加者を集めるためには広告宣伝費用がかかる。現在、台湾で消費者向けイベントを開催し、毎回数百名の参加者を集めている例として、JR北海道が主催する北海道観光イベントがある。本事業の成功要因は、日本のどこよりも早く台湾向けFacebook「REAL北海道」を立ち上げ、鉄道旅行を中心とした北海道観光情報を流したことである。現在フォロワー数は13万人を超え、今ではFacebookのみの告知だけで、数百名の消費者が集まる人気イベントになっている。こういったプロモーション手法は、先に述べた「費用」が将来にわたり「資産」になった好例である。

(7) 旅行博覧会

通常、旅行博覧会というと旅行業者間のビジネスマッチングの場といった見本市（B to B）のイメージがあるが、台湾で開催される旅行博覧会は消費者向け（B to C）現地即売会の趣が強い。旅行博会場では、各国政府観光局、航空会社、クルーズ会社、旅行会社などがエリア別に配置され、ステージパフォーマンスやクイズ大会、キャラクターの登場などイベントも盛りだくさんで、各ブースが人目をつくように競い合っている。会場内は活気に溢れ、特に週末などは人込みで息ができない状態である。台湾の夜市のようで、「安くてお得な旅行商品」でなければ販売は難しい。期間中20～30万の来場者があり、台湾消費者に直接アピールできる場ということもあって、日本のエリアには日本各地の自治体や商業施設のブースが多数出展している。

2000年初頭台湾を代表する旅行博といえば、毎年10～11月に台湾観光協会が主催する台北国際旅展（ITF）が最大規模

旅行博覧会の様子

で有名である。来場人数が年々増加するとともに、旅行会社でも12月～1月旧正月前の閑散期における格安商品販売の場として人気を博していた。最近では、台湾各地で旅行商業同業公会や展覧会ビジネス専門の私企業による主催もあり、ほぼ毎月どこかで旅行博が開かれている状況である（表6-2）。台北地区の旅行博は、長年台北の新都心である信義地区の台北世貿中心展覧会場で行われていたが、2018年度より台北国際旅展（ITF）は南港地区展覧会場に移動した。都心から距離も遠くなり、今後の来場者数の推移がどうなるか懸念されている。

表6-2 台湾の主要旅行博覧会

開催月	開催都市	略称	正式名称	主催者	開催場所	来場者数
1月	台北	WTE	台北国際冬季旅展	揆眾展覽事業股份有限公司	台北世貿中心展覽館1館	約24万人
2月	台北	TPTE	台北旅展	台北市旅行商業同業公会	台北世貿中心展覽館3館	約13万人
3月	台北	STF	台北国際春季旅展	中華民国展覽暨会議商業同業公会	台北世貿中心展覽館1館	約20万人
4月	高雄	KTF	高雄市旅行公会国際旅展	高雄市旅行商業同業公会	高雄展覽館	約30万人
5月	台北	TTE	台北国際観光博覽会	台北市旅行商業同業公会	台北世貿中心展覽館1館	約28万人
5月	台中	ATTA	台中国際旅展	台中市旅行商業同業公会	台中国際展覽館	約17万人
7月	台北	STE	台北国際夏季旅展	揆眾展覽事業股份有限公司	台北世貿中心展覽館3館	約21万人
8月	台北	TITE	台北秋季旅展	台北市旅行商業同業公会	台北世貿中心展覽館1館	約25万人
10月	台中	ATTA	台中国際旅展	台中市旅行商業同業公会	台中国際展覽館	約13万人
11月	台北	ITF	台北国際旅展	財団法人台湾観光協会	台北世貿中心展覽館1館／3館	約36万人
11月	台南	TTF	大台南国際旅展	台南市旅行商業同業公会	台南南紡世貿展覽中心	約13万人
11月	高雄	KTF	高雄市旅行公会冬季国際旅展	高雄市旅行商業同業公会	高雄展覽館	約15万人

＊来場者数は2017年度実績
出典：著者作成

旅行博の乱立は消費者にとって目新しさもなくなり、旅行会社も出展業社同士の価格競争が厳しく、ブース代や人件費を販売でまかなうことが厳しい状況になっている。消費者の個人旅行化シフトもあって募集型企画旅行商品の販売も芳しくない。実際、会場で売れる商品は格安旅行商品やクルーズ商品以外では、格安航空券、JR PASS 割引料金、スルッと関西 PASS、ホテル割引券といった票券類が人気を博している。また、線上旅展(センシャンリュウジャン)(インターネット旅行博)といった旅行博ブース現場だけでなく、ホームページ上での販売も行い相乗効果を高める試みが最近のトレンドである。

日本の自治体は会場内日本ブースエリアに固まって出展しているが、その出展目的と効果については曖昧な部分がある。本来は消費者に直接触れる場として認知度向上を目的とすべきであるが、旅行博自体が格安販売の場のため、旅行会社が商品を売る場貸し的なブースへと変質しているケースもある。そもそも旅行博出展といった単独事業としては効果が薄い。それ以外の認知度向上や販売支援事業を行った全体事業のなかで、消費者と直接対話をする機会といった相乗効果を高める工夫が必要である。

6-3 広告媒体

日本の地方自治体や施設などは、その認知度を高めるため、台湾の広告媒体を利用している。近年台湾の広告市場は社会のライフスタイルの変化によって大きく変化している。本節では最近のトレンドや日本との違い、各媒体のターゲットおよび効果的な選択方法を詳述する。

(1) 台湾における広告媒体概況

近年の台湾広告市場における最大の変化は、2000年代に登場したデジタル媒体(WEB)の成長である。2016年度にはデジタル媒体(WEB)の消費者に対する接触率は 85.3％にまで上昇し、長年1位であったテレビ媒体 86.6％に接近している。平面媒体(新聞・雑誌)は下降を続け、特に新聞はこの 20 年弱で 60％強から 28.7％へ低下している(図 6-1)。

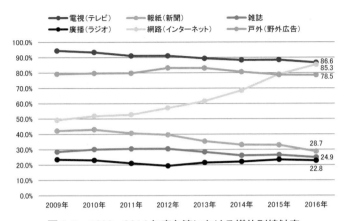

図 6-1　1998〜2016 年度台湾における媒体別接触率
出典：台北市媒體服務代理商協會　2017 年台湾媒體白皮書より筆者作成

　年齢別視聴率を見るとインターネット・野外広告は 20 歳以上、テレビ・新聞・ラジオは 30 歳以上に影響力があり、映画については 20〜30 歳、雑誌は 20〜40 歳に限定される（図 6-2）。

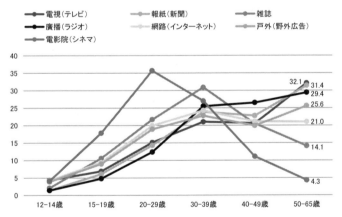

図 6-2　2016 年度台湾における媒体別、年齢別視聴率（%）
出典：台北市媒體服務代理商協會　2017 年台湾媒體白皮書より筆者作成

台湾のデジタル広告量は成長を続け、2016年度成長率は33.7％に達している。逆にその他の媒体広告量は全体的に減少し、なかでも平面媒体（新聞・雑誌）とラジオの減少幅は2割を超えている（図6-3）。

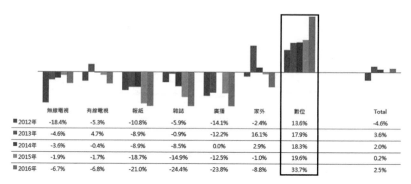

図6-3　2012～2016年度台湾における媒体別広告成長率
出典：台北市媒體服務代理商協會　2017年台湾媒體白皮書より筆者作成
用語説明＊無線電視：地上波テレビ　有線電視：ケーブルテレビ　報紙：新聞　雜誌：雑誌
廣播：ラジオ　家外：野外広告　數位：デジタル

2016年度全体の広告投資金額の各媒体別構成比率では、デジタル広告の比率は41.4％とテレビ広告36.0％（地上波とケーブルテレビ合計）を超えている。平面媒体（新聞・雑誌）とラジオの比率は顕著に減少しており、特に新聞広告は10％を切っている（図6-4）。

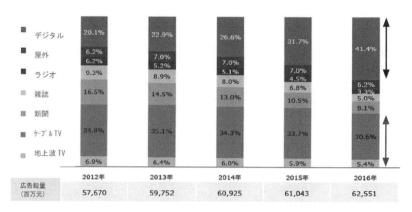

図6-4　2012～2016年度台湾における媒体別広告投資構成率
出典：台北市媒體服務代理商協會　2017年台湾媒體白皮書より筆者作成

6-3 広告媒体

　台湾の媒体別使用時間は、2016年度を境にインターネットがテレビを追い抜き 206 分使用している。テレビ・雑誌・ラジオは減少し、新聞は横ばいである（図 6-5）。

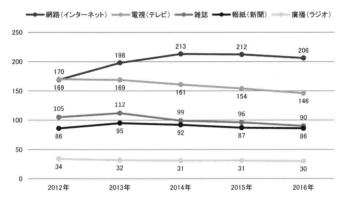

図 6-5　2012〜2016 年度台湾における媒体別使用時間推移（分）
出典：台北市媒體服務代理商協會　2017 年台湾媒體白皮書より筆者作成
＊統計方法：12〜65 歳消費者 1 日あたり使用分数

　台湾の年齢別各種媒体使用時間は、60 歳まではインターネット使用時間が最も長い。特に 15〜30 歳までは全媒体の半分を占め、インターネットの影響力は若年層から壮年層に着実に浸透している。

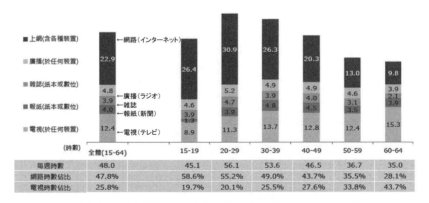

図 6-6　2016 年度台湾における年齢別媒体使用時間（時間）
出典：台北市媒體服務代理商協會　2017 年台湾媒體白皮書より筆者作成
＊統計方法：15〜64 歳消費者 1 週間あたり使用時間

6-4　媒体別特性

　デジタル媒体が盛り上がりを迎えた台湾マーケットであるが、テレビ、新聞、雑誌、ラジオ、野外広告などの伝統的媒体も無視できない効果がある。特にプロモーションを実施するにおいて、多様な媒体も含めたミックスメディアによる展開は効果的である。これら伝統的媒体や、非伝統的媒体（デジタル媒体）も含め、それぞれの特性と効果的活用法を紹介する。

（1）　テレビ（電視（ディエンシー））

　テレビは引き続き幅広い認知向上に有効な媒体である。台湾のテレビは地上波デジタル放送局とケーブルテレビ局の2つに大別される。第二次世界大戦後、地上波アナログ放送が初めて開局し、長らく独占状態であった。その後1980年代にケーブルテレビが普及した。現在では人口約2,300万人の市場に地上波、ケーブルテレビ含めて約150ものテレビチャンネルがひしめいている。ニールセン[107]の調査によると、2016年度におけるケーブルテレビの世帯普及率は78.6％である。年齢別視聴率は25〜54歳までが全体の約60％を占めている。特に24歳以下の視聴率は低く、デジタル媒体への移行が進んでいる（図6-7）。地上波・ケーブルテレビ視聴占有率では、ケーブルテレビが82.6％と圧倒的なシェアである（図6-8）。

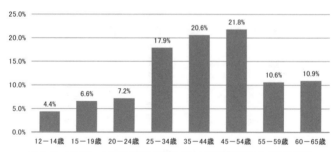

図6-7　2006〜2016年度台湾における年齢別テレビ閲覧率
出典：台北市媒體服務代理商協會　第29輯中華民國廣告年鑑（2016-2017）-広告媒體專欄より筆者作成

---

[107] 1923年アメリカ合衆国で設立されたマーケティングリサーチ会社。おもな業務は消費者の視聴、購買行動、インサイトなどのデータ調査を提供する。世界中に拠点があり、1981年台湾に「尼爾森行銷研究顧問股份有限公司（ニールセン）」を設立、台湾で最も信頼性の高い調査資料を提供している。

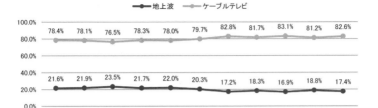

図 6-8　2006〜2016 年度台湾における地上波テレビ／ケーブルテレビ視聴占有率推移

出典：台北市媒體服務代理商協會　第 29 輯中華民国廣告年鑑（2016-2017）-広告媒體専欄より筆者作成

① 地上波テレビ（無線電視 ウーシェンディエンシー）

台湾では第二次世界大戦後、1962 年台湾電視公司（TTV 台視）が台湾で最初のテレビ事業者として発足した。1969 年には中国電視公司（CTV 中視）、1971 年には中華電視台（CTS 華視）がそれぞれ誕生した。これら初期の 3 局はいずれも時の蒋氏国民党の影響を受け、政府、党、軍の意向を代表するものであった。1980 年代後半台湾民主化が進み、1995 年台湾最初の民間テレビ局として、民間全民電視公司（FTV 民視）が 4 局目として誕生した。一方、政党色に染まらない公正・中立な公共放送を求める声も強まり、1997 年立法院で「公共電視法」が制定され公共電視文化事業基金会（PTV 公視）が誕生した。

その後、初期に誕生した 3 局（TTV 台視、CTV 中視、CTS 華視）のうち 2 局（TTV 台視、CTV 中視）は民営化された。残った 1 局（CTS 華視）は 2006 年公共電視文化事業基金会（PTV 公視）から台湾公共廣播電視集団（公共放送グループ）が成立すると、メンバーとして公共化された。2007 年には台湾のエスニックグループを代表する「客家電視台[108]」や「原住民族電視台」、海外に居住する台湾人向け「宏観衛星電視台」も公共放送グルー

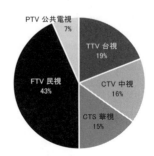

図 6-9　2016 年度台湾における地上波テレビ局別視聴占有率

出典：台北市媒體服務代理商協會　2017 年台湾媒體白皮書より筆者作成

---

[108]　電視台とはチャンネルの意味。

プの仲間入りをしている。

　地上波テレビ局は、2003年からデジタル放送を開始し、2012年アナログから全面的移行を実現している。地上波5局のなかではFTV民視の視聴占有率シェアが高い（図6-9）。

②　ケーブルテレビ（有線電視ヨウシェンディエンシー）

　ケーブルテレビの普及は、山岳地域が多く地上波が届きにくい台湾の地形に関係している。民間でテレビ塔を設置し、ケーブルを引いて地上波が届かない地域にビデオ放送を提供したのが始まりで、その後テレビ事業へと発展した。ケーブルテレビ事業は当初非合法の不法経営であった。1980年代にはますます民間に普及したことから、政府がその事業を追認し1993年「ケーブルテレビ法」が制定され合法化された。現在は100を超えるチャンネル数を持ち、各局の競争が激しく番組自体の視聴率は日本に比べると格段に低い。各チャンネルの平均視聴率をみると、もっとも高いニュース番組でも0.3〜0.4％台である。台湾では一般的に平均視聴率が0.3％あれば人気番組といわれ、1％を超えれば高視聴率番組である（日本政府観光局JNTO、2017）。チャンネル別人気ランキングで第1位はニュースチャンネル、第2位は総合チャンネル、第3位娯楽チャンネルである（図6-10）。テレビ局グループ別では三立テレビ、東森テレビグループが高視聴率である（図6-11）。

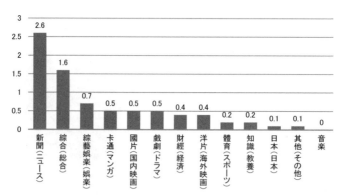

図6-10　2016年度台湾におけるケーブルテレビチャンネル別視聴率（TVR [108]）

出典：台北市媒體服務代理商協會　第29輯中華民國廣告年鑑（2016-2017）-広告媒體專欄より筆者作成

109　Television ratings（視聴率）の意味。

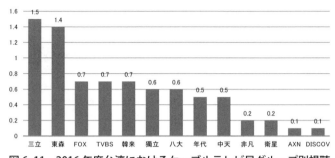

図 6-11　2016 年度台湾におけるケーブルテレビ局グループ別視聴率（TVR）

出典：台北市媒體服務代理商協會　第 29 輯中華民國廣告年鑑（2016-2017）-広告媒體専欄より筆者作成

　台湾のテレビは、各チャンネルの視聴率は日本に比べて低いものの、GRP [110] を設定し、きめ細かい対策をとれば、接触率は高く多くの人びとに認知向上を促す媒体である。広告投資額が大きいが、大きな効果が期待できる。

（2）　新聞（報紙_{バオジー}）

　2000 年代初頭、旅行会社の商品広告といえば新聞の旅行特集ページが主流であった。しかし、2000 年代後半からインターネットが台頭し、2016 年度の閲読率 [111] は 30％を割り、直近 5 年間で約 10％落としている（図 6-12）。発行部数については台湾の新聞各社が発表しない会社があるため正確な数字はつかめない。行政院（政府）統計による配布部数では、ここ 10 年の間に半減している（図 6-13）。台湾の旅行業界もホームページを使ったオンライン旅行会社が台頭し、広告のメインはインターネット広告へとシフトしている。

台湾の新聞「アップルデイリー」に掲載された広告

110　Gross Rating Point の略字。延べ視聴率をいう。GRP（％）＝広告 1 件あたりの平均視聴率×広告を打つ回数
111　特定新聞購読者のなかで、その日付の新聞を読んだ人の割合を新聞閲読率という。

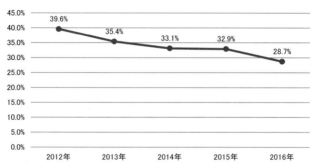

図 6-12　2012〜2016 年度台湾における新聞閲読率推移
出典：台北市媒體服務代理商協會　第 29 輯中華民国廣告年鑑（2016-2017）
　　　-広告媒體專欄より筆者作成

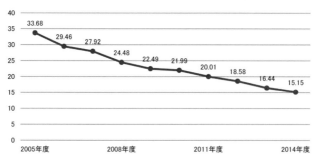

図 6-13　2005〜2014 年度台湾における新聞配布部数推移
　　　　（百万戸あたり）
出典：行政院主計總處統計月報 104 年 12 月号より作成

　現在、台湾の新聞は「中国時報」「聯合報（れんごうほう）」「自由時報」「蘋果日報（ひんかにっぽう）[112]」が4 大有力紙で、いずれも民間紙でスタートしている。中国時報の前身は「徵信新聞（ちょうしんしんぶん）」で 1950 年創刊ともっとも古く、1968 年に中国時報に改称し今日に至っている。聯合報の前身は「民族報」「全民日報」「経済時報」3 紙が合体し、1951 年に創刊、1957 年に聯合報に改称して今日に至っている。言論統制が緩和された 1980 年代自由時報の前身「自由日報」は、台湾民主化が始まった1987 年自由時報と改称し、今日に至っている。蘋果日報は 2003 年、香港資本によって創刊され急速に成長した新聞である。
　各紙の閲読率は直近 5 年間全体として低下傾向にある。自由時報、蘋果日報

112　繁体語でリンゴの意味。「蘋果日報」は英文で Apple Daily（アップルデイリー）。

は 12％前後、中国時報、聯合報は 4％前後で大きな開きがある（図 6-14）。

　年齢別読者層では自由時報、中国時報、聯合報は 30〜50 代、蘋果日報は 20〜40 代が多い。特に 30 代では蘋果日報の読者層が他を引き離している（図6-15）。

　地域別読者層では各紙ともに台北が 50％前後ともっとも多いが、台中では聯合報、中国時報の読者層が多く蘋果日報は少ない。南部では自由時報、蘋果日報の読者層は多く聯合報、中国時報は少ない。背景には聯合報、中国時報は国民党系、自由時報は民主進歩党系、蘋果日報は政治的に中立といった支持層の多い地域の影響が少なからずある（図 6-16）。

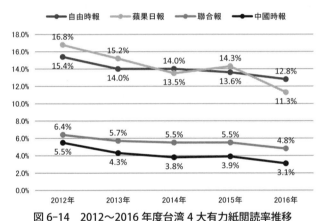

図 6-14　2012〜2016 年度台湾 4 大有力紙閲読率推移
出典：台北市媒體服務代理商協會　第 29 輯中華民國廣告年鑑（2016-2017）
　　　-広告媒體專欄より筆者作成

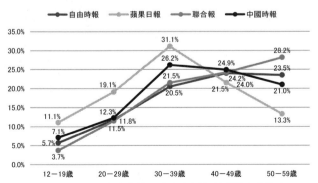

図 6-15　2016 年度台湾 4 大有力紙年齢別読者層比率
出典：台北市媒體服務代理商協會　第 29 輯中華民國廣告年鑑（2016-2017）
　　　-広告媒體專欄より筆者作成

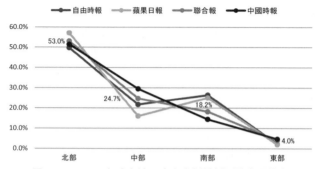

図6-16　2016年度台湾4大有力紙地域別読者層比率
出典：台北市媒體服務代理商協會　第29輯中華民国廣告年鑑（2016-2017）
-広告媒體専欄より筆者作成

　新聞の媒体としての価値は低下しつつあるが、まったく無視はできない。ただし、各紙の読者層年齢や地域別強弱も考慮に入れ、目標ターゲットに対して効果的なきめ細かい戦略が必要である。現在各紙も単なる紙媒体だけではなくWEBニュースサイトを立ち上げ、それらとミックスした広告宣伝戦略を行っている。

(3)　雑　　誌

　雑誌閲読率[113]は新聞と同様低下傾向で、2001年から2016年の過去16年間で約10％下落している（図6-17）。配布部数についても行政院（政府）統計によると、ここ10年の間に半減している（図6-18）。レジャー旅行雑誌（休閒旅遊雑誌）における読者年齢層は20～40代、もっとも多い読者層は30代である（図6-19）。

日本の特集を扱う台湾の旅行雑誌

113　雑誌閲読率とは、指定したターゲット全員のなかで当該号の当該雑誌を「読んだ」人（閲読者）の比率。

6-4 媒体別特性

図 6-17　2001〜2016 年度台湾における雑誌閲読率推移
出典：台北市媒體服務代理商協會　第 29 輯中華民國廣告年鑑（2016-2017）-
　　　広告媒體專欄より筆者作成

図 6-18　2005〜2014 年度台湾における新聞配布部数推移
出典：行政院主計總處統計月報 104 年 12 月号より作成

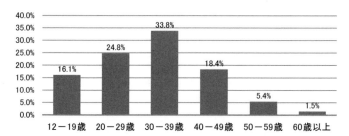

図 6-19　2016 年度台湾におけるレジャー旅行雑誌年齢別読者層
出典：台北市媒體服務代理商協會　第 29 輯中華民國廣告年鑑（2016-2017）-
　　　広告媒體專欄より筆者作成

「台湾人は本を買わない」とよくいわれるが、台湾で発行されている「旅行ガイドブック」はページ数が多く重たいことや、単価が高く、情報が改訂されないなどから消費者から敬遠されている。ただし、『Traveler Luxe 旅人誌』『Taipei Walker』『AZ 時尚旅遊雑誌』『行遍天下』『TO GO』といった雑誌類は単価も比較的安く人気を博している。これらの雑誌は WEB や Facebook アカウントを持っているものもあり、雑誌とインターネットを抱き合わせた情報展開が現在の雑誌広告のトレンドである。

雑誌のなかでもレジャー旅行雑誌の読者層は、訪日旅行に感度の高いターゲットである。日本の自治体にとって認知向上をはかるため、消費者とより深いコミュニケーションをとるための効果的な媒体のひとつである。留意すべき点は紙媒体だけにとどまらず、ターゲットが好む WEB・SNS といったインターネット媒体と相乗効果を生み出す手法が重要である

(4) ラジオ（廣播_{グァンボー}）

ラジオ媒体は、一定の影響力をもつ効果的な媒体のひとつである。ニールセンの 2011 年～2016 年の 6 年間の統計データをみると 20％前後の聴取率を常に確保している比較的安定した媒体である（図 6-20）。性別では男性が 57.1％[114]と女性 42.9％よりも多い。聴取年齢は 30～59 歳の年代で 70％を超える（図 6-21）。聴取場所は 6 割[115]近くが車の中、3 割が家、2 割が仕事場である。著者も台湾に駐在していた際は、タクシーの車内、会社や工場内の BGM としてよくラジオが流れていた印象があった。最近では若者がスマートフォンのラジオ APP をダウンロードしてイヤホン越しに聞いている。また、台湾の中南部地域では、通勤や仕事で車を利用する機会が多く、より効果的である。

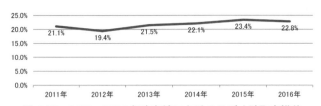

図 6-20　2011～2016 年度台湾におけるラジオ聴取率推移
出典：台北市媒體服務代理商協會　第29輯中華民国廣告年鑑（2016-2017）-広告媒體専欄より筆者作成

114　ニールセン調査による。
115　同上

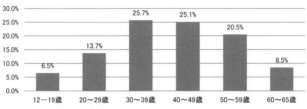

図 6-21　2016 年度台湾における年齢別ラジオ聴取率
出典：台北市媒體服務代理商協會　第 29 輯中華民国廣告年鑑（2016-2017）-広告媒體專欄より筆者作成

　日本の自治体では、プロモーション手段としてラジオ媒体を利用することはなぜか少ないが、台湾の旅行業界では各社よく利用している。親しい旅行会社の担当者に聞くと、会社の名前を憶えてもらうコストパーフォーマンスの高い媒体として、長年利用しているといった声もある。予算が限られたなかで認知向上を高める手段として有効活用できる媒体である。

(5)　野外広告・交通広告（戸外〈フーワイ〉）

　台湾における野外広告は、幅広い層に認知向上を高める効果的な媒体のひとつである。旅行業界も特に乗降客数の多いターミナル駅の広告は積極的である。野外広告には、街角にある看板や垂れ幕とバス、地下鉄、駅などの交通広告の2 つに大別される。台湾では野外広告全体における交通広告の投資額が 2016年度 74.63％[116] と最大のシェアを占める。

　接触率上位 10 媒体でみると建物外壁やバスラッピング広告、コンビニ店舗内のテレビ画面が 60％以上を占め、MRT（地下鉄）の広告は 17.5％と低い（図6-22）。ただし、野外広告の場合は接触率のみでは広告効果としてはかれない。たとえば MRT（地下鉄）駅などの乗降客数とコンビニにおける 1 日来店客数

台湾のバスのラッピング広告（佐渡）

---

[116]　ニールセン調査による。

の母数には大きな差がある。

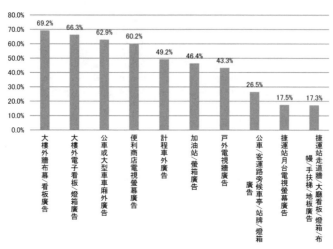

図 6-22　2016 年度台湾における野外広告 10 媒体別接触率
出典：台北市媒體服務代理商協會　第 29 輯中華民国廣告年鑑（2016-2017）-
　　　広告媒體專欄より筆者作成
用語説明＊大樓外牆布幕／看板廣告：建物外壁垂れ幕広告　大樓外電子看板／
燈箱廣告：建物外壁電子ボード／ライトボックス　公車或大型車車廂外廣告：
バスラッピング広告　便利商店電視螢幕廣告：コンビニテレビ画面広告　計程
車外廣告：タクシーラッピング広告　加油站／螢箱廣告：ガソリンスタンド／
ライトボックス　戸外電視牆廣告：建物テレビビデオ広告　公車／客運路旁候
車亭／站牌／燈箱廣告：バス亭ライトボックス　捷運站月台電視螢幕廣告：
MRT（地下鉄）駅プラットフォームテレビスクリーン広告　捷運站走道牆／
大廳看板／燈箱／布幔／手扶梯／地板廣告：MRT（地下鉄）駅ホール看板／
ライトボックス／垂幕／エスカレーター／フロア広告）

　野外広告のメリットは、多数の消費者に接触でき、認知向上をはかれる媒体ということである。逆にデメリットはインターネット広告のように目標ターゲットを細かく絞れない。野外広告を実施する際には合計接触数や接触率だけでなく、その場所が獲得すべき目標ターゲットにふさわしい場所であるかを留意する必要がある。

（6）　インターネット（網路〔ワンルー〕）

　デジタル化の進んだ台湾マーケットであるが、インターネットにアクセスするデバイスは 2015 年上半期モバイル型端末（携帯電話・スマートフォン）が卓上型パソコンを超えその差はさらに広がっている（図 6-23）。

6-4 媒体別特性

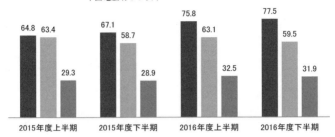

図6-23　2015／2016年度台湾におけるデバイス別インターネットアクセス比率

出典：台北市媒體服務代理商協會　第29輯中華民國廣告年鑑（2016-2017）-広告媒體專欄より筆者作成

　インターネットユーザー使用時間においても、モバイル端末（タブレット端末とスマートフォン）合計の使用率が6割を超えている。背景には2014年後半4G-LTEによる高速通信サービスの開始が影響している。台湾消費者による情報収集手段がモバイル端末使用優先に移行し、生活に密着していることが伺える（図6-24）。

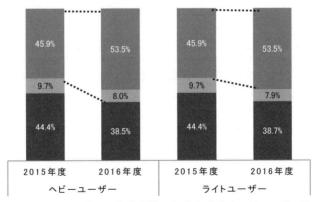

図6-24　2015／2016年度台湾におけるデバイス別ユーザー使用時間対比

出典：台北市媒體服務代理商協會　2017年台湾媒體白皮書より筆者作成
定義＊ヘビーユーザー：毎日使用（毎週平均7時間以上）
ライトユーザー：週1回使用（毎週平均30分以上1時間以内）

全体のWEB使用時間数では20〜30代がもっとも長く、年齢の増加に伴い減少している。全体的にソーシャルメディア（SNS）にかける時間がもっとも長い。唯一50代でデジタル動画がソーシャルメディア視聴を上回っている（図6-25）。

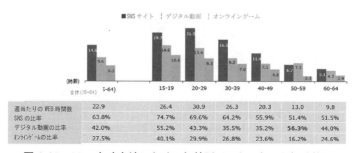

図6-25　2016年度台湾における年齢別インターネット視聴状況
出典：台北市媒體服務代理商協會　2017年台湾媒體白皮書より筆者作成

台湾広告市場におけるデジタル広告量は、直近7年間で約3倍に増えている。特に4G LTEが本格的に普及した2015年以降伸び率が急激である（図6-26）。

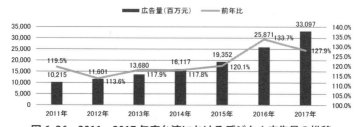

図6-26　2011〜2017年度台湾におけるデジタル広告量の推移
出典：台灣數位媒體應用暨行銷協會　2017台灣數位廣告量報告より作成

デジタル広告量の内容では一般メディア向けが3分の2、ソーシャルメディア向けが3分の1である。広告内容別では両者を合算するとディスプレイ広告がもっとも多く、キーワード広告、動画広告がそれに続く。ちなみにキーワード広告は検索サイトのみのため、一般メディアのみの広告手段である（図6-27）。

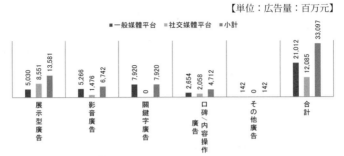

図6-27　2017年度台湾におけるプラットフォーム別デジタル広告内容量

出典：台灣數位媒體應用暨行銷協會　2017台灣數位廣告量報告より作成
用語説明＊一般媒體平台：一般メディア　社交媒體平台：ソーシャルメディア　展示型廣告：ディスプレイ広告　影音廣告：動画広告　關鍵字廣告：キーワード広告　口碑／内容操作廣告：口コミ／コンテンツ操作

　デバイス別の広告量では、モバイル端末（スマホ／タブレット）向けが70％以上を占め、消費者動向に敏感な広告業界の意図が読み取れる。唯一、キーワード広告は卓上PCを通じて検索するケースが多く、シェアが拮抗している（図6-28）。

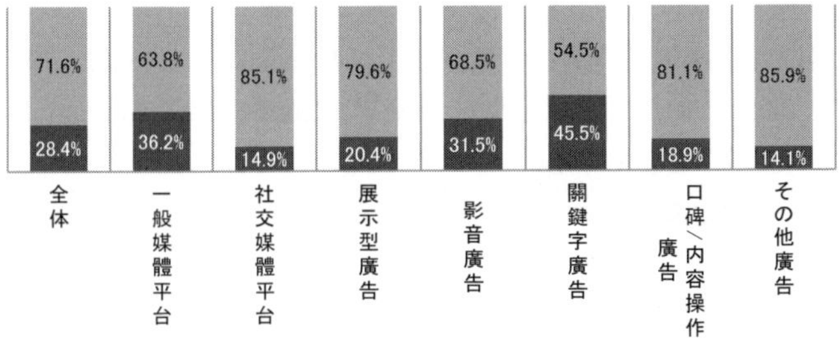

図6-28　2017年度台湾におけるデバイス別広告内容量

出典：台灣數位媒體應用暨行銷協會　2017台灣數位廣告量報告より作成
用語説明＊　手機／平板：スマホ／タブレット　電腦：PC　一般媒體平台：一般メディア　社交媒體平台：ソーシャルメディア　展示型廣告：ディスプレイ広告　影音廣告：動画広告　關鍵字廣告：キーワード広告　口碑／内容操作廣告：口コミ／コンテンツ操作

各インターネットサイト接触率は、Yahoo！奇摩（台湾ヤフー）94.0%、Google台湾89.7%、Facebook 64.4%、PIXNET 58.4%[117]、MSN 54.5%が上位5サイトである（図6-29）。Yahoo！奇摩は1位ではあるが、これは卓上PCでの接触率で、モバイル端末の接触率ではGoogle台湾のシェアがもっとも高い。現在はモバイル端末への広告出稿が主流であり、Google台湾が総合的に1位といえる。

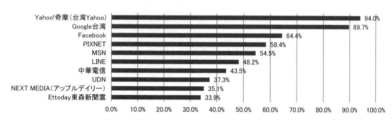

図6-29　2017年度台湾におけるインターネットサイト接触率
出典：Carat Media Weeekly 2017 より作成

　台湾で訪日プロモーションを実施するなかで、インターネットは欠かすことのできない広告媒体である。訪日台湾人旅行者の半数以上が個人旅行者であり、最大ボリュームゾーン20〜40代が日常使用するもっとも影響力のある媒体である。

　日本との違いは使用するデバイスがすでに卓上型からモバイル型に大きくシフトしていることや、ソーシャルメディア（SNS）、特にFacebookの使用率が76.8%[118]と高いことである。

　留意すべき点は認知向上に重点を置くのか、すでに認知度が高く確実に送客に目を向けた広告を打ちたいかによって手法も違ってくる点である。また、広告は接触率の高いインターネットサイトに出稿すればいいというわけではない。例をあげれば動画広告等の接触率の秒数も各インターネットサイトによってカウント方法が違っている。何を事業成果の目標にし、どういった目標ターゲット属性を設定するか、きめ細かい戦略が必要である。

117　台湾のブロガーサイト。
118　創市際市場研究顧問2016年による。

6-5　コミュニケーションコンセプト

　日本の地方自治体が、その地域ブランドを台湾人消費者にコミュニケーションする際は、現地目線を大切にすべきである。ただし、たとえブランドメッセージやキャッチコピーを台湾人クリエイターに依頼しても、最終的には日本人目線のチェックが入る。コンセプトのなにを譲るか譲れないかのラインにおいて、台湾人と軋轢が生じるケースがある。

桜シーズンの日本を紹介するガイドブック

　著者がプロモーション事業を経験したなかで、日本人と台湾人の間で実際に起きた、典型的な誤解例を3点以下のとおり紹介する。

①　デザイン性の誤解

　日本人が台湾の雑踏や夜市を歩くと、店舗や看板など原色が強くゴチャゴチャしている。そこで、台湾人はそういった色合わせが好きだと思いがちである。ところが台湾人クリエイターに広告デザインを依頼すると、意外にスタイリッシュなものができあがってくる。日本側からすると、原色の強い派手なイメージが現地で受けるのでは、と誤解が生じる。大事なことは、台湾人がイメージする日本は、そういったスタイリッシュな国だということである。

　また、台湾人のデザイン力は高い。台湾で有名な書店である誠品書店で本の装丁を見ると、そのデザイン力の高さに驚く。

②　感性の誤解

　台湾では日本の笑いや、一発芸的なものはほとんど受けない。下手をすると下品だと思われる。よって動画制作などにそういったコンセプトをもってくると、うまくいかないケースが多い。対して心温まるストーリーや人に対する思いやりは台湾人の心に響く。台湾人にとって、日本は清潔で礼儀正しく上品なイメージである。

③ 漢字表現の誤解

　台湾の言語は中国語（繁体字）で日本同様に漢字文化圏である。日本人は中国語を話すことができなくても漢字の意味が理解できるので、ある程度意味が分かる。ただし、日本語の漢字と中国語の漢字を喋る際に大きな違いがある。中国語には耳触りがいいかどうか、四声の韻の響きが重要である。たとえば中国語では、ちょっと考える「想一想（シャンイーシャン）」の想（シャン）を2度繰り返す。上野のパンダの「ランラン」「カンカン」も同様である。特にその漢字に意味があるわけではない。繰り返すことによる耳触りの良さが大切である。

　広告のキャッチコピーを台湾人クリエイターに依頼すると、台湾人にとって耳触りがよく、できるだけイメージに沿った漢字を探し作成する。日本側からすると、なぜ直接的にあてはまる漢字を使わないかで誤解が生じる。日本人の漢字は意味を伝えるコミュニケーション手段であるが、中国人の漢字はそれ以外に歌のような耳触りが大変重要な要素である。

6-6　プロモーション戦略

　台湾人消費者の訪日旅行先認知から決定までの行動様式をまとめてみた（表6-3）。それぞれの段階において事業カテゴリーを分類すると、日本の地方自治体における課題がいくつか見えてくる。

①　購入行動のカテゴリー（B to B）に偏っている。

長年台湾の訪日旅行を牽引してきた募集型企画旅行は年々厳しさを増している従来型の「B to Bプロモーション」一辺倒による旅行業界にお任せ的な手法は、効果が得られなくなっている。最近では団体旅行においてもB to Cプロモーションの重要性が旅行業界から喚起されている。

広告会社による共同広告（JAL PAK）

表 6-3　行動様式別プロモーション事業カテゴリー表

行動様式	事業目的	事業カテゴリー	対象
①認知向上	・広く台湾人消費者に地域の魅力を伝える。	・オウンドメディア（Facebook） ・プレスリリース ・メディア（ブロガー）招請 ・テレビ番組制作 ・動画制作	B to C
②興味喚起	・台湾人消費者に地域の魅力の話題性（ブーム）を起こす。	・媒体広告（テレビ、新聞、雑誌、ラジオ、野外広告・交通広告、インターネット等）	B to C
③情報補完	・興味を持った台湾人消費者に、さらに深いコミュニケーションを図る。	・オウンドメディア（ホームページ） ・消費者イベント ・旅行博出展	B to C
④購入行動	・台湾人消費者に、購入行動を起こす態度変容を促す。	・商品造成（セミナー・商談会） ・エージェント視察旅行 ・旅行会社広告宣伝支援 ・送客に対する補助金	B to B
⑤フォローアップ	・行ったプロモーション事業を振り返り、次回の事業を行う際の参考にする。	・事業成果報告書作成（定量的成果・定性的成果）	B to B／B to C

②　行動様式の各段階が連動せず、全体戦略になっていない。

　日本の地方自治体のプロモーション事業は、行動様式のそれぞれの段階のみの単独事業に終始するケースが多い。事業単体に目を向けるとそれ自身間違ってはいないが、最終的な購入行動に持っていく全体的なプランになっていないケースがあり、「もったいない」印象を受ける。今後は「B to B ＋ B to C プロモーション」の組み合せを同時多発的に実行していくような、プロモーション戦略が必要である。

6-7　さまざまなプロモーションと宣伝

　台湾の訪日旅行が成熟化することによって、プロモーション手法や広告宣伝

媒体も大きく変化している。本章を通じて浮かび上がった課題をまとめると次の4点が挙げられる。

① 従来のB to B（旅行会社）向けセミナー・商談会や招請旅行といった手法を見直す時期にきていること。
② B to C（消費者）向けのプロモーションがさらに重要性を帯びていること。
③ 広告媒体の効果が平面媒体からデジタル媒体にシフトしていること。
④ プロモーション手法は従来の単発型より同時多発型の方がより効果が大きいこと。

特に、近年デジタル媒体の進化によって、台湾消費者の情報収集に大きな変化が訪れた。背景にはインターネットを介して情報収集が容易になったことがある。このことは、台湾訪日マーケットが団体旅行から個人旅行に急激に変化していった要因に大きく影響を与えている。

こういった変化に対し、日本の地方自治体が行う訪日プロモーションにギャップが生じている。現在の台湾マーケットにフィットした、ターゲット目標に対するデジタルプロモーションの知識も含め、総合的なプロモーション戦略の練り直しが必要である。

第 7 章　台湾訪日旅行者と旅行産業

7-1　インバウンド研究への提言

　最後に、日本のインバウンド研究やプロモーションに関して著者の気づきをお話ししたい。現在の日本におけるインバウンドの取り組みは、日本政府観光庁が主導的役割を担っている。2006年12月20日に制定された「観光立国推進基本法」に基づき、それを実行に移す「観光政策」が立案され、訪日外国人旅行者実態調査のため「観光統計」が整備された。

　また、訪日外国人消費動向調査は訪日外国人の「観光行動・意識」を明らかにした（図7-1）。ただし、これはあくまで着地国側（国内）の調査に基づくもので、発地国側（海外）に関する詳しい学術的研究は極めて少ない。

　これからは、日本に来た訪日外国人旅行者の行動調査だけではなく、なぜ、その人びとが来訪したのかといった発地国側の視点に立った研究が必要である。とりわけ、現地の旅行産業に関する研究が重要である（図7-1）。

　さらに、日本の地方自治体が訪日プロモーションを進めるうえで、現地メディ

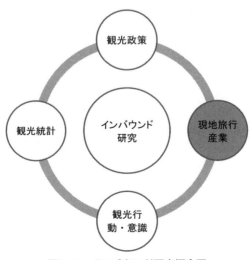

図7-1　インバウンド研究概念図

アマーケットの状況に関して、信頼できる調査情報に基づいて分析することが、実際に役に立つ産学連携における観光学分野の研究者が果たす役割である。

台湾同様、今後の訪日旅行者数の増加が見込めるアジア各国では近代的旅行産業が成立しつつあり、その仕組みを解き明かすことは今後の日本におけるインバウンド研究の大きな発展になる。最近、日本のインバウンド業界では「現地目線」といったキーワードが出てくるが、研究分野においても同様に必要である。こうした研究をきっかけに、他市場においても同様の現地発研究が活発になることを望んでいる。この部分については本書が現在の日本のインバウンド研究において、大学研究者だけではなく、実務に従事している自治体関係者の方々の一助になれば望外の喜びである。

7-2　今後の課題

本書を執筆するにあたり、できるだけ最近のデータを使用し、関係法規についても確認しつつ行った。取り上げた対象範囲が広いが、そのエッセンスは網羅した。今後は各章単位でさらに深い洞察が必要であろう。その作業は、著者はもとより、本書を読んで、気づきを得た方々の手にある。

本書を通して明らかになったことは、台湾の訪日旅行が隆盛を迎えたのは、単に「親日」といった定性的要素ではなく、台湾の旅行産業による不断の努力と貢献がもたらしたのである。私たちは台湾を語る際に、どうしても日本と台湾の特別な歴史的背景を思い浮かべる。だが実際に本研究を重ねていくと、すでに戦後70年以上を経て、台湾訪日旅行者の半数以上を占める20〜30代層は、そのような歴史経験を踏まえていない。むしろ訪日旅行をビジネスのチャンスと捉え、拡大していった「システム＝旅行産業」に目をむけ、その重要性を論証した。

特に旅行業の章立てのなかで、台湾の旅行業の仕組みを、関係法規と照らし合わせながら詳細に解説を行った。規則と実際の運用との相違については、著者の実体験も踏まえ、つたなくはあるが、実際に台湾で生活し、旅行産業に身を置き、経験から学んだエッセンスをまとめた。

また、訪日旅行や訪日プロモーションの章立てでは、事業を実際に行っている日本の政府、地方自治体、企業関係者のために、最新のマーケットトレンドを豊富なデータをもとに明らかにしている。旅行業の説明同様、台湾人の商習

慣や嗜好など定性的部分も含めている。

　本書をとおして底流に流れる定性的部分（台湾人のインサイト＝心の憧憬）にさらに目を向けることが、今後の訪日台湾人に対する理解を一層深め、プロモーション事業をさらに円滑に進める一助になることを願ってやまない。

引用・参考文献・資料等

引用文献

- 伊藤潔（1993）：「台湾　四百年の歴史と展望」、中央公論新社、東京、pp1-9、pp38-44、p46、pp55-58、p103、p119、p131、pp198-202
- 司馬遼太郎（2005）：「台湾紀行」、朝日新聞社、東京、pp266-267
- 高寺奎一郎（2006）：「国際観光論」、古今書院、東京、pp159-160
- 容継業（1996）：「旅行業理論與実務」、揚智文化事業股份有限公司、台北、pp34-50
- 容継業（2008）：「旅行業実務経営学」、揚智文化事業股份有限公司、台北、pp32-47
- 日本政府観光局（JNTO）（2017）：「JNTO 訪日旅行誘致ハンドブック 2016 年（アジア 6 市場編）」、日本政府観光局（JNTO）、東京、pp102-103、p105

参考文献・資料等

- 相澤美穂子（2013）：「アジア FIT マーケットの現況：台湾を事例として」
- 株式会社ジェイティービー能力開発（2010）：「インバウンド概論」、株式会社ジェイティービー能力開発、東京、p3、pp88-93
- 公益財団法人日本交通公社『観光文化』、219 号、pp7-10
- 白石常介（2007）：「台湾の投資・会計・税務」、株式会社税務会計協会、東京、p154
- 曽山毅（2014）「植民地台湾における近代ツーリズムの発達」日本観光研究学会『観光研究』、Vol.13、No.1・2 合併号、pp1-10
- 張朝服（2014）：「第二次世界大戦後における台湾の観光事業について」日本観光研究学会『観光研究』、Vol.10、No.2、pp9-18
- 鶴見雄介（2005）：「正伝・後藤新平 3 台湾時代」、株式会社藤原書店、東京
- 日本政府観光局（JNTO）（2017）：「JNTO 訪日旅行誘致ハンドブック 2016（アジア 6 市場編）」、日本政府観光局（JNTO）、東京、pp93-133
- 古川勝三（2009）：「台湾を愛した日本人―土木技師八田與一の生涯―」、創風社出版、愛媛県
- 楊正寛（2013）：「観光行政與法規」、揚智文化事業股份有限公司、台北、pp4-37、pp40-54
- 易遊網旅行社（EzTravel）：主頁、關於易遊網、公司簡介、2017 年 12 月 15 日閲覧：https://www.eztravel.com.tw/information/aboutus/
- 易飛網国際旅行社（Ezfly）：主頁、投資人関係、公司年報、2017 年 12 月 15 日閲覧：http://www.ezfly.com/info/investors/Link/2015_2734_20160622F04_20160608_103132.pdf
- 易飛網国際旅行社（Ezfly）：主頁、投資人関係、財務報表、2017 年 12 月 16 日閲覧：

http://www.ezfly.com/info/investors/Link/201604_2734_AI1_20170407_104146.pdf
- 行政院：主頁、資訊與服務、消費者保護、定型化契約範本、2017 年 11 月 6 日閱覽：
　　https://www.ey.gov.tw/Page/AABD2F12D8A6D561/42ae2f66-a5d6-4787-baf1-dcc5357dfdd5
- 行政院主計總處：統計月報 104 年 12 月號頁 20、2018 年 8 月 25 日閱覽：
　　https://ebook.dgbas.gov.tw/public/Data/51231111737IGBK10IN.pdf
- 燦星國際旅行社（Star Travel）：主頁、關於燦星、主要服務項目、投資資訊、財務資訊、2017 年 12 月 15 日閱覽：http://www.startravel.com.tw/info/finance_info.html#
- 燦星國際旅行社（Star Travel）：主頁、關於燦星、主要服務項目、投資資訊、財務資訊、2017 年 12 月 16 日閱覽：http://www.startravel.com.tw/info/files/104_4q-1.pdf
- 公益財団法人日本台湾交流協会：2015 年度対日世論調査　概要版、2017 年 10 月 26 日閱覽：https://www.koryu.or.jp/taipei/ez3_contents.nsf/04/B9736DAE28A0FC5749257FF4002CA457/$FILE/2015seron_kani_JP.pdf
- 公益財団法人日本台湾交流協会：2015 年度対日世論調査　詳細版、2017 年 10 月 26 日閱覽：https://www.koryu.or.jp/taipei/ez3_contents.nsf/04/27D0DCA6127C0D6349257FF4002D3D07/$FILE/2015seron_shosai_JP.pdf
- 康福旅行社（Cola tour）：主頁、服務據點、2017 年 12 月 15 日閱覽：
　　https://www.colatour.com.tw/webDM/Portal/intro/store.html
- 五福旅行社（Life Tour）：主頁、投資人專區、財務報表、2015 年 12 月 15 日閱覽：
　　www.lifetour.com.tw/eweb_lifetour/html/mpq/files/201504_2745_AI1.pdf
- 全國法律資料庫：行政、法務部、法律事務目、2017 年 11 月 13 日閱覽：
　　http://law.moj.gov.tw/LawClass/LawAll.aspx?PCode=B0000001
- 全國法律資料庫：行政、院本部、消費者保護目、2017 年 11 月 13 日閱覽：
　　http://law.moj.gov.tw/LawClass/LawAll.aspx?PCode=J0170001
- 全國法律資料庫：行政、公平交易委員会、公益項目、2017 年 11 月 13 日閱覽：
　　http://law.moj.gov.tw/LawClass/LawAll.aspx?PCode=J0150002
- 創造旅行社（Creative Travel Taiwan）：主頁、会社情報、2017 年 12 月 15 日閱覽：
　　http://www.ctt.tw/about_us_jp.aspx
- 台北市媒体服務代理商協会：媒体知識庫、第 29 輯中華民國廣告年鑑（2016-2017）廣告媒體專欄、2018 年 8 月 11 日閱覽：https://maataipei.org/
- 台北市媒体服務代理商協会：媒体知識庫、2017 年台湾媒體白皮書、2018 年 8 月 11 日閱覽：https://maataipei.org/
- 台灣數位媒体應用暨行銷協會：產業趨勢、2017 年數位廣告量調查報告、2018 年 8 月 15 日閱覽：
　　https://drive.google.com/file/d/1EiHM98tA0-YD6VwxEHMU6DuDQD2gUN6x/view
- 中華民国交通部観光局：旅行行政体系、2017 年 11 月 2 日閱覽：
　　http://admin.taiwan.net.tw/public/public.aspx?no=126

- 中華民国交通部観光局：観光局紹介、2017年11月2日閲覧：
  http://admin.taiwan.net.tw/info/org.aspx?no=188
- 中華民国交通部観光局：観光法規、発展観光条例、2017年11月6日閲覧：
  http://admin.taiwan.net.tw/upload/law/20170717/31bb88ac-aa3d-4b9d-9b87-5e39200a3716.pdf
- 中華民国交通部観光局：観光法規、旅行業管理規則、2017年11月6日閲覧：
  http://admin.taiwan.net.tw/upload/law/20170829/238c6114-481c-40a9-bb6d-2d5d91cf07f7.pdf
- 中華民国交通部観光局：観光法規、領隊人員管理規則、2017年11月10日閲覧：
  http://admin.taiwan.net.tw/upload/law/20160920/f18edf9a-7153-4cce-9e3a-7735b89a80a1.pdf
- 中華民国交通部観光局：観光法規、導遊人員管理規則、2017年11月10日閲覧：
  https://admin.taiwan.net.tw/FileDownLoad/TourismRegulation/634afb6d-7efc-461e-b27f-d644b575a983.pdf
- 中華民国交通部観光局：観光相関産業、旅行業、観光相関統計、2018年6月20日閲覧：
  http://admin.taiwan.net.tw/statistics/travel.aspx?no=205
- 中華民国交通部観光局：観光統計、観光統計年表、2017年近6年中華民国国民出国目的地人数統計、2018年6月21日閲覧：
  http://admin.taiwan.net.tw/statistics/year.aspx?no=134
- 中華民国外交部領事事務局：旅外安全、国外旅遊掲示分級表、2017年11月14日閲覧：
  http://www.boca.gov.tw/sp-trwa-list-1.html
- 中華民国考選部：考選法規、公務人員考試法規、2017年11月11日閲覧：
  http://wwwc.moex.gov.tw/main/ExamLaws/wfrmExamLaws.aspx?kind=2&menu_id=319&laws_id=31
- 中華民国旅行業品質保証協会：旅行社専区、章呈／弁事細則、2017年11月13日閲覧：
  http://www.travel.org.tw/info.aspx?item_id=3&class_db_id=39&article_db_id=49
- 中華民国旅行業品質保証協会：旅行社専区、会員入会資格審査作業要点、2017年11月14日閲覧：
  http://www.travel.org.tw/info.aspx?item_id=3&class_db_id=38&article_db_id=48
- 東南旅行社（South East Travel）：主頁、公司簡介、2017年12月15日：
  https://www.settour.com.tw/info/about/
- 日本政府観光局（JNTO）：訪日外客統計「国籍／月別　訪日外客数」（2003年-2017年）、2018年6月20日閲覧：
  https://www.jnto.go.jp/jpn/statistics/data_info_listing/index.html
- 日本政府観光局（JNTO）：「訪日外客数2018年5月推計値」プレスリリース、2018年6月20日閲覧：
  https://www.jnto.go.jp/jpn/statistics/data_info_listing/pdf/180620_monthly.pdf

- 日本政府国土交通省観光庁：統計情報・白書、統計情報、訪日外国人消費動向調査、2017 年 12 月 16 日閲覧：www.mlit.go.jp/kankocho/siryou/toukei/syouhityousa.html
- 日本政府国土交通省観光庁：統計情報・白書、統計情報、宿泊旅行統計調査、2017 年 12 月 18 日閲覧：
http://www.mlit.go.jp/kankocho/siryou/toukei/shukuhakutoukei.html
- 日本政府国土交通省：政策・仕事、航空、国際線就航状況、2017 年 12 月 18 日閲覧：
http://www.mlit.go.jp/koku/koku_fr19_000005.html
- 日本政府文部科学省：教育、国際教育、訪日教育旅行について、訪日教育旅行受入促進検討会報告書、2017 年 12 月 20 日閲覧：
http://www.mext.go.jp/a_menu/kokusai/hounichi/1362294.htm
- 百威旅行社（Best Way Travel）：主頁、機＋酒、2017 年 12 月 22 日閲覧：
http://fit.bwt.com.tw/
- 鳳凰旅行社（Phoenix Travel）：主頁、公開投資資訊、財務報表、2015 年 12 月 15 日閲覧：http://holder.travel.com.tw/pdf/201404_5706_AI1.pdf
- 山富国際旅行社（Richmond Travel）：主頁、公司簡介、公開資訊觀測站、2017 年 12 月 25 日閲覧：http://www.travel4u.com.tw/AboutCompany/index.aspx#3
- 雄獅旅行社（Lion Travel）：主頁、利害関係人専区、財務報表、2014 年度合併財報、2017 年 12 月 15 日閲覧：file:///C:/Users/tsonk/AppData/Local/Packages/Microsoft.MicrosoftEdge_8wekyb3d8bbwe/TempState/Downloads/2015 年度合併財報 _.pdf
- 雄獅旅行社（Lion Travel）：主頁、利害関係人専区、財務報表、2016 年度合併財報、2017 年 12 月 16 日閲覧：file:///C:/Users/tsonk/AppData/Local/Packages/Microsoft.MicrosoftEdge_8wekyb3d8bbwe/TempState/Downloads/2016 年度合併財報.pdf
- 雄獅旅行社（Lion Travel）：主頁、国外雄獅自由行、団体自由行―日本、2017 年 12 月 19 日閲覧：https://www.liontravel.com/package/tour/japan.aspx?Sprima=00fitR1G01

索　引

欧文索引（和欧混合を含む）

4G サービス …………………… *157*
API …………………………… *114*
B to B プロモーション ………… *150*
B to C プロモーション ………… *150*
CRS …………………………… *114*
FSC …………………………… *124*
GDS …………………………… *113*
GIT …………………………… *135*
IBE …………………………… *113*
IIT …………………………… *124*
IIT 運賃 ……………………… *124*
JNTO：Japan National Tourism Organization
　（日本政府観光局）………… *6*
KPI …………………………… *152*
LCC ………………………… *1, 103*
MICE ……………………… *102, 130*
OTA（Online Travel Agent）…… *112*
PAK …………………………… *120*
S.I.T.（スペシャル・インタレスト・ツアー）
　………………………………… *146*
SIT ………………………… *102, 146*
SNS（Facebook）………… *153, 155*
Taiwan, The Heart of Asia ……… *63*
VIC …………………………… *119*
VIC 契約 ……………………… *135*
WEB サイト …………………… *155*

和文索引

【ア行】

亜東関係協会 …………………… *43*
アバカス ……………………… *114*
アフィニティ・チャーター …… *132*
アベノミクス …………………… *1*
アマデウス …………………… *114*
安平古堡 ……………………… *31*
員工旅遊 ……………………… *137*
インサイト …………………… *185*
インセンティブツアー（MICE）… *102*
インセンティブ旅行 ………… *137*
インターネット旅行社 ………… *71*
インバウンド研究 …………… *183*
インバウンドレート ………… *117*
無線電視（ウーシェンディエンシー）… *165*
烏山頭ダム …………………… *37*
エージェント招請旅行（familiarization tour）
　……………………………… *151*
王田制 ………………………… *31*
オウンドメディア …………… *154*
オウンユース・チャーター …… *132*
沖縄ツーリスト ……………… *126*
牡丹社事件 …………………… *34*
乙種旅行業 ………………… *67, 69*
乙種旅行社 ………………… *60, 67*
オランダ統治時代 ……………… *30*
オランダ連合東インド会社 …… *30*
オンラインビジネス ………… *113*

【カ行】

海外渡航危険情報 ………… *94, 97*
海外渡航危険レベル …………… *98*

海外旅行	61
海外旅行自由化	101
海外旅行定型化契約	91
解禁	60
外国旅行業	72
外省人	28
靠行（カオハン）	120
観光行動	20, 21
観光行動・意識	183
観光産業	48
観光政策	183
観光地区	48
観光統計	183
観光遊楽業	49
観光遊楽施設	49
観光立国推進基本法	183
観光旅客	48
観光旅館業	49
キーエージェント	111, 112, 119
キーワード広告	176, 177
企画組	53
技術組	54
客家人	28
客室価格	117
教育部	139
教育旅行	130, 139
行政院観光発展推進委員会	51
業務委託	73
業務組	53
廣播（グァンボー）	172
国・地域別海外旅行希望先	14
国別好感度	7
国別将来親近度	8
クルーズ	142
クルーズ旅行	142
契約履行保証保険	93
経理人	66, 78
ケーブルテレビ	166
原住民	28
甲種旅行業	67, 69
甲種旅行社	60, 67
交通広告	173
交通部	52
交通部観光局	52
公平取引法	86, 89
皇民化運動	39
コーポレートレート	117
国際組	54
国民党統治	40
国民旅遊組	55
辜顕栄	35
個人型パッケージ	124
個人旅行	122
個人旅行専門旅行社	111
児玉源太郎	36
国家風景区管理處	55
後藤新平	36
コミュニケーションコンセプト	179

【サ行】

サードパーティー	117, 118
サービス標章	65
蔡英文	41
サイクルツーリズム	146
雑誌	170
砂糖産業	32
サブエージェント	119
産学連携	184
機加酒（ジージャージョー）	135
支社設立	71, 72
自然人文生態景観区	49
社員旅行（員工旅遊）	138
上海商業儲蓄銀行	58
巡検司	30
蔣介石	40
蔣経国	43

商談会･･････････････････････････････ 150
消費者イベント･････････････････････ 158
消費者保護法･･････････････････ 86, 88
奨励旅遊･････････････････････････ 138
清国統治･･････････････････････････ 33
紳章･･････････････････････････････ 37
親日教育･･････････････････････････ 13
新聞･････････････････････････････ 167
スタークルーズ社･･････････････････ 142
スペシャル・インタレスト・ツアー･･ 146
スルーガイド･･･････････････ 80, 131
製糖業･･･････････････････････････ 40
セールスコール（個別営業）････････ 151
責任保険････････････････ 66, 67, 93
世代別意識格差････････････････････ 13
世代別好感度･･･････････････････････ 7
世代別将来親近度･･･････････････････ 8
世代別信頼度･･･････････････････････ 9
世代別不信理由･･･････････････････ 12
接待旅行･････････････････････････ 60
セミナー････････････････････････ 150
専業導覧人員････････････････････ 49
選好国別信頼度･････････････････ 10
線上旅展（センシャンリュウジャン）･･･ 160
センダー･････････････････････････ 136
総合････････････････････････････ 61
総合大手旅行社･･････････････････ 110
総合旅行業･･････････････････ 67, 68
総合旅行社･････････････････････ 67

【タ行】

タイガーエアー･････････････････ 133
台新旅行社････････････････････ 59
ダイナミックパッケージ･････････ 129
対日世論調査･･････････････････ 6, 18
代表人････････････････････････ 72
台北国際旅行博覧会･･････････････ 50
台北国際旅展（ITF）････････････ 158
台北市旅行同業組合････････････ 59
代理･･････････････････････････ 77
台湾観光行政･････････････････ 47
台湾交流協会･････････････････ 43
台湾中国旅行社･･････････････ 58
台湾桃園･････････････････････ 55
台湾日本亜東関係協会･･････････ 43
台湾百貨社･･･････････････････ 58
台湾民主国独立宣言･･････････ 35
台湾旅行業･･････････････････ 57
高雄国際空港旅客服務中心･･･････ 55
高砂義勇隊･･････････････････ 39
団体販売主体旅行社････････････ 111
団体旅行････････････････････ 129
團體自由行（タンティズーヨーシン）･･･ 134
地上手配･･･････････････････ 116
地上波テレビ･･････････････ 165
地方分散化････････････････ 149
チャーター･････････････････ 130
チャータークルーズ･････････ 143
チャーター便数･･････････････ 107
チャーター旅行･･････････････ 132
着地型商品旅行･･････････････ 129
中央主管機関･･････････････ 64
駐外単位･････････････････ 55
中華民国旅行業品質保証協会･･･ 94
駐在員事務所････････････････ 72
陳儀･･････････････････････ 40
陳水扁････････････････････ 44
軽鬆（チンソン）････････････ 122
土皇帝････････････････････ 36
電視（ディエンシー）･･････････ 164
定期チャーター便･････････ 132, 133
鄭芝竜･･････････････････ 32
鄭森･･････････････････ 32
ディスプレイ広告････････････ 176
鄭成功････････････････ 32
テーマ旅行（SIT）･････････ 102

デジタル広告量……………………… 176
デジタル媒体………………………… 160
手配チャージ………………………… 118
テレビ（電視）……………………… 164
テレビ番組…………………………… 154
東亜交通公社………………………… 58
東亜交通公社台湾支店……………… 58
動画広告……………………………… 176
導遊人員……………………… 49, 77, 83
土匪…………………………………… 36
ドライビングツーリズム…………… 125

【ナ行】

二・二八事件………………………… 41
ニールセン…………………………… 6
日本語教育世代……………………… 20
日本政府観光局（JNTO：Japan National
　Tourism Organization）……………… 6
日本台湾交流協会………………… 6, 43
日本統治……………………………… 35
日本のイメージ……………………… 16
日本の魅力…………………………… 17
日本ブーム…………………………… 102
日本旅行協会………………………… 58
日本旅行情報入手先………………… 19
牛頭（ニョウトウ）………………… 120
認識台湾……………………………… 13

【ハ行】

パーク（PAK）……………………… 120
哈日族（ハーリーズー）…………… 102
ハイエンドマーケット……………… 144
媒体別………………………………… 164
排日教育……………………………… 13
ハイブリッド型旅行社……………… 112
馬英九………………………………… 44
報紙（パオジー）…………………… 167
白色テロ事件………………………… 41

パッケージツアー…………………… 130
八田與一……………………………… 37
発展観光条例……………… 48, 59, 64, 90
便宜（ピェンイー）………………… 121
東インド会社………………………… 30
ビザ…………………………………… 1
ビザ免除……………………………… 50
ビジット・ジャパン・キャンペーン（VJ）
　事業………………………………… 1, 5
票券…………………………………… 64
票券類………………………………… 100
表彰旅行（奨励旅遊）……………… 138
ファミリーツアー…………………… 105
ファムトリップ……………………… 151
風景特定区…………………………… 49
戸外（フーワイ）…………………… 173
不定期チャーター便………………… 132
富裕層向け旅行（ハイエンドマーケット）
　………………………………………… 144
プリンセスクルーズ社……………… 142
プレスリリース（報道発表）……… 153
フレンドツアー……………………… 105
プログラムチャーター……………… 107
プロモーション戦略………………… 180
包括旅行チャーター………………… 132
訪日外国人消費動向調査…………… 6
訪日行動……………………………… 26
訪日旅行……………………………… 101
蓬莱米………………………………… 38
募集型企画旅行……………………… 130
保証金………………………………… 75
本省人………………………………… 28
朋友（ポンヨウ）…………………… 121

【マ行】

マラリア……………………………… 39
民宿…………………………………… 49
民主進歩党…………………………… 43

民法	86
没関係（メイクワンシー）	121
没用辯法（メイヨウバンファー）	121
メディア（ブロガー）招請	153
面子（メンツ）	121
モバイル端末	177

【ヤ・ラ・ワ行】

野外広告	161, 173
有線電視（ヨウシェンディエンシー）	166
老闆（ラオパン）	121
ラジオ	172
ラックレート	117
ランドオペレーター	116
李登輝	43
履約保険	67
履約補償保険	66
領隊人員	49, 77, 80

旅館業	49
旅館業査報督導中心	55
旅行希望先日本世代別比較	14
旅行業	49
旅行業管理規則	59, 64, 90
旅行業経理人	78
旅行契約	86
旅行博覧会	158
旅行品質保証	94
旅行品質保証金	67, 95
旅行平安保険	66, 93
旅行保険	92
旅遊服務中心	55
レジャー旅行雑誌	172
レンタカー	125
レンタカー旅行	125
割引レート	117
網路（ワンルー）	174

著者略歴

鈴木 尊喜（すずき たかよし）

1957年和歌山県田辺市生まれ。東洋大学国際地域研究科　国際観光学修士。成蹊大学法学部卒業。
日本航空にて本社営業本部、東京・名古屋・大分支店勤務を経て、2005年台湾に赴任。創造旅行社（当時日本アジア航空のグループ会社）の董事長兼総経理（社長）として訪日旅行ビジネスに約8年間従事する。帰国後2015年、ジェイアール東日本企画ソーシャルビジネス開発局　担当局長。現在、(株)ダイヤモンド・ビッグ社　アドバイザー、(株)ユメック・プランニング代表取締役社長として、台湾を中心とした訪日プロモーション事業を展開している。

台湾訪日旅行者と旅行産業（たいわんほうにちりょこうしゃ　りょこうさんぎょう）

定価はカバーに表示してあります。

2019年5月8日　初版発行

著　者　鈴木　尊喜
発行者　小川　典子
印　刷　三和印刷株式会社
製　本　株式会社難波製本

発行所　株式会社　成山堂書店

〒160-0012　東京都新宿区南元町4番51　成山堂ビル
TEL：03(3357)5861　FAX：03(3357)5867
URL　http://www.seizando.co.jp

落丁・乱丁等はお取り替えいたしますので、小社営業チーム宛にお送りください。

©2019 Takayoshi Suzuki
Printed in Japan　　　ISBN 978-4-425-92901-6

成山堂書店の観光・交通関係書籍

観光交通ビジネス

塩見英治・堀雅通・島川崇・小島克己　編著
A5判・304頁・並製カバー　定価 2,800 円

観光の基本的要素である交通（陸・海・空）について、ビジネス、サービスの視点で解説、新たな観光のスタイル、観光需要を増やすためのマーケティングや人材育成、まちづくりといった業界の理論と実務、現状と展望も紹介する。産業としても重要性を増している観光とそれに関わる交通の概略を学ぶことができるテキスト。

クルーズポート読本

一般社団法人 みなと総合研究財団クルーズ総合研究所　監修
A5判・232頁・並製カバー　定価 2,600 円

増加を続けるクルーズ人口。国は「2020年にクルーズ訪日旅客数500万人達成」を目標として掲げている。それを踏まえて実施された「クルーズポート・セミナー」の講演内容をベースにクルーズの歴史、各港の取り組みや国内外の現状や課題について、クルーズ船受け入れのための「ガイドライン」や「関係用語集」「Q&A」などの資料を交えて概説する。

地域 × アニメ　―コンテンツツーリズムからの展開―

地域コンテンツ研究会　編
大石玄／近藤周吾／杉本圭吾／谷口重徳／西田隆政／西田谷洋／風呂本武典／横濱雄二
A5判・272頁・並製カバー　定価 2,600 円

地方や特定の地域を題材にしたアニメのファンが現地を訪れ、物語を追体験する聖地巡礼やコンテンツツーリズムがブームとなっている。現地を訪れるファンを取り込んで観光地化する動きが全国で活発になっている。本書は、地域と旅行者、ファンのニーズをとらえ、両者が一体となった地域とアニメの関係性の構築などについて、実際の事例も取り上げ解説する。

＊定価は税別です。